Rob Parsons

60 MINUTEN FÜR IHRE EHE

Rob Parsons

60 Minuten für Ihre Ehe

Wie eine Stunde die Beziehung zu Ihrem Partner für immer verändert

Projektion J Buch- und Musikverlag

Titel der Originalausgabe:
The Sixty Minute Marriage

ISBN 3-89490-197-7

Die Bibelstellen wurden der Einheitsübersetzung entnommen.

Auf der Grundlage der neuen Rechtschreibregeln.

Übersetzung: Eva Weyandt
Umschlaggestaltung: Hanni Plato
Satz: Projektion J Buch- und Musikverlag
Druck: J. Ebner Ulm

1 2 3 4 00 99 98 97

Für Emily – fünf Jahre alt

INHALT

DANK

Viele meiner Freunde haben an diesem Buch mitgewirkt. Mein besonderer Dank gilt Jonathan Booth, Lyndon Bowring, Charlie Colchester, Tom Beardshaw, Jim Boston, Jacqui Butler, Lisa Curtis, Susan Davies, Kate Hancock, Janie Lawry, Peter Mortimer, Helen Payton, Sheron Rice, Keith Tondeur, Steve Williams und Judith Longman, meiner Verlegerin. Und vor allem Dianne, Katie und Lloyd – euch allen danke ich sehr!

EINFÜHRUNG

Das Mädchen im Zoo

Der Zoo öffnete um neun und mein Sohn und ich waren die ersten Besucher. Es war bereits halb drei Uhr nachmittags, als ich den Mann entdeckte. Vermutlich wäre er mir vorher gar nicht aufgefallen, aber ehrlich gesagt hatte ich es satt zu versuchen, die Robben aus dem Wasser oder die Gorillas aus ihren Häusern zu locken und schon lange hatte ich den Versuch aufgegeben, eine besonders hässliche Schlange aufzuwecken. Ich befand mich in einer Verfassung, die jemand mal sehr treffend als »Zoomüdigkeit« bezeichnet hat. Ich hatte mir ein Eis gekauft, mir einen Platz gesucht und angefangen, die anderen Besucher zu beobachten.

Mein Blick fiel auf einen Mann, den man, so schien es, für den vielversprechendsten Anwärter auf den Titel »Bester Vater der Welt« halten konnte. Während andere Eltern im Gras dösten oder einfach nur mit leerem Blick in den Affenkäfig starrten, widmete er seiner Tochter seine volle Aufmerksamkeit. In einem Augenblick hob er sie hoch, damit sie die Elefanten besser sehen konnte, im nächsten kniete er neben ihr und erklärte, warum die Affen ein rotes Hinterteil hatten. (Ich wünschte, ich wäre nahe genug gewesen, um seine Antwort verstehen zu können.) Er stillte nicht nur ihren Wissensdurst; innerhalb von dreißig Minuten hatte dieses Kind eine Tüte Chips, einen Lutscher in Form eines Bären und eine Tüte Popcorn vertilgt.

Als er schließlich müde wurde, ließ er seine Tochter einen Leguan ärgern und sank erschöpft auf den Platz neben mir.

Mittlerweile war dieser Mann mein Held, was ich ihm auch sagte. Ich weiß nicht so genau, was ich als Antwort erwartet hatte; vielleicht ein Achselzucken oder den Satz: »Das würde doch jeder Vater tun.« Aber diese Antwort erhielt ich nicht. Wir begannen ein Gespräch, das fast eine Stunde dauerte.

Zwei Monate zuvor war seine Ehe in die Brüche gegangen und ihr einziges Kind lebte nun bei seiner Frau. Dieser Tag war »sein« Samstag mit Emily. Aus seiner Brieftasche zog er ein Foto, auf dem eine Frau zu sehen war, die mit einem Baby in einem Krankenhausbett saß. Er stand neben ihr, den Arm um ihre Schultern gelegt. Beide sahen glücklich das Baby an.

Falls ich diese Szene mit einem Wort hätte beschreiben sollen, so hätte ich vermutlich das Wort »Hoffnung« gewählt. Die beiden hatten Pläne für ihr Kind geschmiedet. Bereits vier Wochen vor der Geburt war das Kinderzimmer fertig eingerichtet, doch die Träume gingen weit über die Kleinkindzeit hinaus. Dies war *ihr gemeinsames* Kind.

Plötzlich taute der Mann richtig auf. Er erzählte mir von Emilys ersten Wörtern, wann sie die ersten unsicheren Schritte gemacht hatte und wie er und seine Frau Claire sie im Alter von drei Jahren bei Weihnachtseinkäufen in einem Kaufhaus verloren hatten.

Während ich ihm zuhörte, empfand ich schreckliches Mitleid. Aber nicht nur mit ihm. Ich stellte mir vor, wie Emilys Mutter auf die Rückkehr ihres Kindes wartete. Sie würde hinter dem Vorhang stehen und schnell zur Tür rennen, sobald sie die Klingel hören würde, und sich leise von dem Mann verabschieden, der ihr fremd geworden war. Diese Mutter tat sicherlich ihr Bestes für ihr Kind, aber es war bestimmt schwieriger, als sie es sich vorgestellt hatte.

Mir tat auch das Kind Leid, das nun auf der Bank saß und den Spatzen Erdnüsse zuwarf. In der Statistik war sie nur ein

Kind aus einem zerrütteten Elternhaus. Aber was steckte dahinter? Was war zerbrochen und wie hatte das passieren können? Konnte es jemals wieder in Ordnung gebracht werden?

Ich frage mich, ob jemand etwas hätte sagen, schreiben oder tun können, das diesen drei Menschen eine bessere Chance gegeben hätte. Dieses Buch ist meine Antwort auf diese Frage.

»60 Minuten für Ihre Ehe« ist ein kurzes Buch. Ich habe es geschrieben, damit Sie es in etwa einer Stunde durchlesen können. In regelmäßigen Abständen finden Sie eine *60-Sekunden-Seite*, die den Hauptinhalt dessen zusammenfasst, was Sie gerade gelesen haben. Es gibt jedoch nur eine einzige *1-Sekunden-Seite*. Wenn Sie zu beschäftigt für diese Seite sind – dann befinden Sie sich in größeren Schwierigkeiten, als Ihnen bewusst ist.

Gelegentlich stoßen Sie auf sogenannte *Aktionsseiten*. Ich habe mehrere Leute nach Dingen gefragt, die sie in ihrer Ehe gelernt haben; vielleicht finden Sie etwas darunter, was Ihnen weiterhelfen kann.

Ich bin mir bewusst, dass ganz unterschiedliche Menschen dieses Buch lesen werden. Einige stehen vielleicht am Anfang ihres gemeinsamen Lebens, andere stecken möglicherweise augenblicklich in einer ernsten Krise. Wieder andere haben gerade eine Scheidung hinter sich. Ich habe von Kindern gesprochen, aber sicherlich werden nicht alle Leser Eltern sein. Überschlagen Sie einfach die Seiten, die für Sie nicht von Interesse sind.

Ihnen ist vielleicht aufgefallen, dass dieses Buch Emily gewidmet ist und, ja, sie ist das Kind aus dem Zoo. Jeden Tag durchleiden in England mehr als 400 Kinder das Trauma, dass ihre Eltern sich scheiden lassen. Emily steht stellvertretend für jedes von ihnen. Ich setze große Hoffnungen in dieses Buch.

Es soll denen helfen, die eine Ehe in Betracht ziehen; es soll Ehen stärken, damit auftretende Probleme überwunden werden können. Doch vor allem habe ich dieses Buch für die Kinder geschrieben. Mein Traum ist es, dass eine andere Emily später durch die Hilfe dieses Buches ihren Vater ganz behalten kann.

Wo sind die Clowns?

Als ich fünf Jahre alt war, ging mein Vater mit mir und drei meiner Freunde in den Zirkus. Ich bin mir nicht ganz sicher, was den anderen besonders gefallen hat, aber ich verliebte mich in die Clowns. Der Grund für eine so starke Zuneigung bei einem kleinen Jungen ist leicht zu verstehen. Natürlich verloren die Clowns beim Jonglieren andauernd die Bälle. Sie fielen hin, ohne sich weh zu tun, und hatten keinerlei Respekt vor Autoritätspersonen. Aus all diesen Gründen waren sie für mich Helden. Doch so anziehend diese Eigenschaften auch waren, sie waren letztlich nicht der Grund dafür, dass mich die Clowns so fesselten. Ich war fasziniert von ihnen, weil sie niemals traurig waren.

Ich weiß nicht mehr so genau, warum mir das in diesem Alter so wichtig war. Der Grund dafür ist vermutlich das Trauma, das ich erlebt habe, als ich fünf Jahre alt war. Am selben Tag, an dem mein Hase starb, verlor auch mein Lieblingssoldat seinen Kopf. Selbst jetzt noch kann ich das Salz der Tränen schmecken, die ich damals vergossen habe. Doch die Clowns lachten immer; kein Leid berührte sie – sie schienen immun dagegen.

Und aus diesem Grund liebte ich sie, bis ich neun Jahre alt wurde. Zwei Tage nach meinem Geburtstag sah ich im Fernsehen einen Film über einen Zirkus. Während ich wie gebannt auf den Bildschirm starrte, machte die Kamera plötzlich einen Schwenk zu einem Wohnwagen. Auf der Tür stand in bunten Buchstaben: »Hier wohnt Coco«. Durch die Wunder der Technologie konnte ich einen Blick ins innerste Heiligtum des größten Clowns werfen, der je gelebt hat.

Doch ich konnte kaum glauben, was ich sah: Mein Held saß auf dem Bett. Tränen strömten ihm die Wangen hinunter und neben ihm lag eine Maske, die ihn anlächelte. Ich weinte auch.

Tausende von Menschen fühlen sich dazu verurteilt, das Lächeln eines Clowns zur Schau zu stellen. Sie haben das Gefühl, dass niemand das Trauma versteht, das sie durchleben. Unsere Eheseminare beginne ich häufig auf dieselbe Weise. Ich trete vor die Zuhörer und sage: »Niemand hat mir von euch erzählt. Niemand hat mich gestern Abend angerufen und gesagt: ›Übrigens, Bob und Carol werden unter den Zuhörern sein. Sie machen gerade eine schwierige Zeit durch – sagen Sie etwas, das ihnen hilft.‹« Ich sage das, damit die Leute nicht denken, ich wäre tatsächlich über ihre Situation informiert worden – und doch weiß ich meist, was in ihnen vorgeht und die Situation verursacht hat, wegen der sie meine Seminare aufsuchen.

Während des Seminars spreche ich zu Menschen, in deren Herzen die Liebe scheinbar erloschen ist. Sie sind vielleicht seit elf Jahren verheiratet, haben Kinder und sehnen sich danach, frei von ihrem Mann oder ihrer Frau zu sein. Manchmal stellen sie sich vor, wie es wäre, wenn er oder sie tot wäre – und dann schämen sie sich; aber sie träumen von der Freiheit und stellen sich die Person vor, die sie kennen lernen würden und die so ganz anders wäre.

Ich spreche zu Menschen, die sich in finanziellen Schwierigkeiten befinden, die ums Überleben kämpfen, bei denen nur wenig Liebe für den Partner übrig geblieben ist und deren sexuelle Beziehung vollkommen abgebrochen wurde. Ich spreche zu dem Mann, der kurz davor steht, eine Affäre zu beginnen. Er ist mit seiner Frau zum Seminar gekommen, doch sie hat keine Ahnung von dem, was vorgeht, und noch während ich spreche, denkt er an diese neue Beziehung.

Alle diese Menschen befinden sich im Publikum. Aber sehr oft glauben sie, sie stünden mit ihren Problemen allein. Obwohl für die Medien diese Probleme kein Tabu sind, obwohl diese Menschen Freunde haben, die sich vielleicht in einer ähnlichen Situation befinden, fühlen sie sich schrecklich isoliert. Irgendetwas flüstert ihnen ins Ohr: »Niemand kann dich verstehen, geschweige denn deine Situation ändern.« Und häufig ist es genau dieses Gefühl der Isolation, das schließlich die Liebe abtötet. Wir haben so lange eine Maske getragen und gesagt: »Oh, mir geht's gut, vielen Dank«, dass wir nur mit Mühe Lösungen finden.

Die Maske abnehmen

Das ist kein leichtes Thema. Niemand weiß das besser als ich. Zu mehr als hunderttausend Menschen aller möglichen Kulturen habe ich bisher über die Ehe gesprochen. Ich bekomme Tausende von Briefen, von denen uns viele das Herz brechen können. Ich mache mir keine Illusionen über die Schwierigkeiten, vor denen wir Menschen in unserer Ehe stehen – nicht zuletzt deshalb, weil meine Frau Dianne und ich nun seit mehr als fünfundzwanzig Jahren verheiratet sind. Wir haben schwierige Zeiten erlebt und vielleicht werden noch schwerere vor uns liegen – keiner von uns ist immun dagegen. Opfer von körperlichem, sexuellem und geistigem Missbrauch waren bei mir in der Therapie; einige haben ihr Heim verlassen müssen, um sich und ihre Kinder zu schützen. Trotzdem habe ich festgestellt, dass viele Ehen nicht wegen schwerwiegender Probleme in die Brüche gehen, sondern wegen der alltäglichen Kleinigkeiten, die sich aufstauen, bis das Fass irgendwann überläuft.

Ich bin zu der Ansicht gekommen, dass die Ehe durch einen Menschen revolutioniert werden kann, der ganz offen von den Traumata spricht, die viele von uns durchleben, und das Gefühl der Isolation anspricht, das uns glauben macht, wir stünden mit unseren Problemen allein. Wenn dies passiert, kann es weitreichende Folgen haben. Vor kurzem schrieb mir eine Frau nach einem unserer Seminare: »Vielen Dank, dass Sie unseren Kindern den Vater zurückgegeben haben.«

Lassen Sie die Maske zu Boden fallen, wenn Sie dieses Buch lesen – Sie können sie ja später wieder aufheben, falls Sie sie dann noch brauchen sollten. Der gerade Weg ist Ehrlichkeit. Vertrauen Sie mir, wenn ich Ihnen sage, dass Sie mit dem, was Sie erleben, nicht allein stehen. Anderen ist es genauso ergangen und einige haben die Liebe wiedergefunden, die sie für immer verloren glaubten.

In dieser gemeinsamen Stunde werden wir uns zehn Ziele ansehen. Wenn Sie eine gute Ehe führen, wird sie durch die Beachtung dieser Punkte noch gestärkt werden. Wenn Sie Eheprobleme haben, kann Ihre Beziehung dadurch verändert werden. Jedes dieser zehn Ziele ist wichtig, das erste meiner Meinung nach jedoch ganz besonders.

Liebe allein reicht nicht aus,
man muss die Liebe auch in Worte fassen.

Französisches Sprichwort

Ziel 1

Eine effektive Kommunikation entwickeln

Wir sprechen nicht mehr miteinander

Es war ein warmer Septembertag. Der Tag in der Anwaltskanzlei war sehr hektisch verlaufen und sie war meine letzte Klientin. Sie hatte sich geweigert, meiner Sekretärin den Grund ihres Kommens zu nennen, und als ich ihr Kaffee anbot, hatte ich noch immer keine Ahnung, was sie von mir wollte. Sie wirkte gefasst und sachlich, aber das besagte nicht viel. Schon lange habe ich es aufgegeben, vom Aussehen meiner Klienten auf die Person zu schließen. Ich wurde von diesem Bemühen kuriert, als vor Jahren einmal ein Mann in die Kanzlei kam, den ich auf den ersten Blick für einen Obdachlosen gehalten hätte. Er knallte mir 35 000 Pfund in bar auf den Tisch und sagte, ich solle dafür sorgen, dass der Verkauf seines Besitzes bis zum darauf folgenden Montag abgeschlossen sei.

»Wie kann ich Ihnen helfen?«, fragte ich die Frau.

»Ich denke, meine Ehe ist in die Brüche gegangen«, entgegnete sie.

»Wie lange sind Sie verheiratet?«

»Seit siebzehn Jahren.«

»Haben Sie Kinder?«

»Einen Jungen im Alter von dreizehn und ein Mädchen von zehn.«

»Warum ist Ihre Beziehung kaputtgegangen?«

»Er hat mich zu einer Insel gemacht.«

»Entschuldigen Sie – würden Sie das bitte noch einmal wiederholen?«

»Er hat mich zu einer Insel gemacht. Er will nicht mit mir sprechen. In den ersten Jahren unserer Ehe haben wir uns stundenlang miteinander unterhalten, aber irgendetwas ist mit ihm passiert. Es hat den Anschein, als könne er nicht mehr mit mir reden. Wenn er nach Hause kommt und ich ihn frage, wie sein Tag gewesen ist, bekomme ich als Antwort dasselbe Grunzen wie von meinem Sohn, wenn ich diesen frage, wie es in der Schule war. Aber das ist etwas anderes. Mein Mann und ich hatten auch vorher schon Probleme, aber wir konnten immer darüber reden.

Haben Sie eine Ahnung, wie es ist, wenn Sie Ihr Heim, Ihren Körper und Ihr Leben mit einem Menschen teilen, der nicht wirklich mit Ihnen spricht? Irgendwann sterben Sie innerlich.«

Sie hätte noch weitergesprochen, doch in diesem Augenblick brachte meine Sekretärin den Kaffee herein. Während ich eine Tasse eingoss, wanderten meine Gedanken zu einem anderen Klienten, der vier Stunden zuvor auf demselben Stuhl gesessen hatte.

Ich kannte Tom und seine Frau sehr gut und darum fiel es mir besonders schwer, den Mann wiederzuerkennen, der da wie ein Häufchen Elend vor mir saß. Ich hätte nie gedacht, dass er so emotional sein könnte. Beruflich war er sehr erfolgreich – in jeder Hinsicht ein Mann, der seine Ziele erreichte. Immer wirkte er selbstsicher, beherrscht und – wie einige behaupteten – ein wenig einschüchternd. Doch als er an diesem Tag in mein Büro kam, merkte ich, dass er geweint hatte. Er reichte mir einen zerknitterten Zettel, den er an der Kühlschranktür gefunden hatte:

»Ich brauche Zeit zum Nachdenken – ich habe die Kinder mitgenommen. Wir werden einige Tage weg sein. Ich ruf dich an.

Alles Liebe, Susan«

Ich hörte ihm zu, während er mir sein Herz ausschüttete. Er verstand gar nicht, wo das Problem lag. Wie er mir sagte, hatte er immer für seine Familie gesorgt. Sie hatten ein wunderschönes Haus, fuhren gemeinsam in Urlaub und er liebte seine Frau aufrichtig.

Doch er hatte nicht nur diesen zerknitterten Zettel mitgebracht. Bei dem Versuch, den Aufenthaltsort seiner Frau und seiner Kinder in Erfahrung zu bringen, hatte er in ihrer Nachttischschublade einen halbfertigen Brief an eine Freundin gefunden:

»Als wir heirateten, haben Tom und ich uns so sehr geliebt. Wie oft haben wir zu Beginn unserer Ehe stundenlang zusammengesessen und uns unterhalten. Auch wenn wir nicht sprachen, hatten wir das Gefühl zu verstehen, was der andere empfand. Ich kann nicht genau sagen, wann wir uns auseinandergelebt haben. Toms Job vereinnahmte ihn immer mehr und ich musste mich ja um die Kinder kümmern. Vielleicht habe ich ihm zu wenig Aufmerksamkeit geschenkt, so dass er sich ausgeschlossen fühlte, aber wenn ich zurückdenke, habe ich tatsächlich das Gefühl, dass ich mit niemandem sonst hätte reden können, wenn ich nicht mit ihnen gesprochen hätte.
Abends kommt er so müde nach Hause, dass er kaum eine Begrüßung über die Lippen bringt, geschweige denn mir von seinem Tag im Büro erzählt oder auch nur so tut, als interessiere er sich für das, was ich erlebt habe. Ich hasse

das. Wie sehr sehne ich mich danach, mit ihm zu reden! Manchmal nachdem wir uns geliebt hatten, hatte ich das Gefühl, wir seien uns wieder näher gekommen, und dann begann ich, ihm zu sagen, was ich ihm schon immer hatte sagen wollen. Doch wie oft musste ich feststellen, dass er eingeschlafen war, während ich ihm mein Herz ausgeschüttet habe!
Und dann geschah etwas Seltsames: Ich lernte, ohne ihn zu leben. Natürlich wusch ich auch weiterhin seine Sachen, kochte für ihn und versuchte, ihm eine gute Ehefrau zu sein, doch innerlich lernte ich, ohne ihn zu leben. Es war, als hätte mir eine innere Stimme gesagt: ›Du bist doch eigentlich allein – um deiner selbst und deiner Kinder willen musst du dich dieser Tatsache stellen und lernen, dich damit abzufinden.‹«

Schleichende Isolation

Mehrmals in meiner beruflichen Laufbahn als Rechtsanwalt habe ich an einer Autopsie teilnehmen müssen. Ich kann mich noch gut an einen bestimmten Fall erinnern, bei dem ich mehrere Stunden lang in der Pathologie zugebracht habe, während zwei Pathologen versuchten, die genaue Todesursache der Leiche festzustellen. Mein Klient war verhaftet worden, behauptete aber, sein Verwandter sei eines natürlichen Todes gestorben.

Über eine Stunde lang beschäftigten sich die beiden Experten mit der Leiche und dann, als es schon schien, sie würden niemals etwas finden, nahm einer von ihnen ein Vergrößerungsglas, beugte sich vor und rief: »Ich glaube, wir haben es – ja, sehen Sie hier!« Mein Klient wurde wegen Mordes angeklagt.

Ich bin zu der Überzeugung gekommen, dass der Grund für das Absterben von Liebe häufig nicht auf den ersten Blick zu erkennen ist. Nicht in jeder kaputten Ehe gab es einen schwerwiegenden Konflikt, nicht in jeder waren sexuelle Schwierigkeiten oder ein Seitensprung die Ursache. Nein, der eigentliche Grund ist häufig nicht sichtbar, doch noch gravierender: Die Ehepartner haben (unbemerkt) einfach aufgehört, miteinander zu reden.

Mangelnde Kommunikation bedeutet nicht, dass man überhaupt nicht miteinander redet. Es bedeutet, dass man nicht über die *wichtigen* Dinge spricht. In vielen Ehen ist es so, dass einer der Partner Themen, die dem anderen wichtig sind, nicht mehr besprechen will oder kann.

Ein Mann beschrieb den Entwicklungsprozess, bei dem die Kommunikation in einer Beziehung langsam versiegt, als eine »schleichende Isolation«. In einer anderen Umgebung können sich diese Leute wunderbar unterhalten. Sie hat mehrere Freundinnen, denen sie ihre intimsten Geheimnisse anvertraut, und er ist im Kollegenkreis der Alleinunterhalter, doch einander haben sie wenig zu sagen.

Es gibt wahrscheinlich keine Ehe auf der Welt, in der es nicht schon einmal eine ähnliche Phase gegeben hat. Wenn Dianne und ich in unserer Beziehung Schwierigkeiten dieser Art hatten, sagte meine Frau vorwurfsvoll zu mir: »Wie kannst du eine Stunde lang mit einem Fremden telefonieren – und für mich hast du nicht einmal fünf Minuten Zeit?«

Experten haben alle möglichen Gründe angeführt, warum uns die Kommunikation so viel Schwierigkeiten bereitet. Es ist kein Geheimnis, dass Männer besondere Probleme damit haben. Einige Menschen sind der Meinung, Männer litten von Geburt an unter der Unfähigkeit, sich einem anderen auf einer tieferen Ebene mitzuteilen. Da könnte etwas Wahres dran sein.

Aber beobachten Sie einen Mann doch einmal, wenn er sich in eine andere Frau verliebt hat: Er sitzt mit seiner Sekretärin im Wagen und sein Mund steht nicht still. Sie sagt: »Mein Mann unterhält sich nie so mit mir.« Er erwidert: »Meine Frau hört mir nie so zu wie Sie.«

Was geschieht hier? Seine Frau beklagte sich immer, dass er sich nicht unterhalten kann. Hat er sich plötzlich geändert? Nein, der Grund ist einfach, dass die beiden Partner zu Beginn einer Beziehung den anderen nicht für selbstverständlich nehmen. Aber auch für sie wird der Tag viel zu schnell kommen – im Augenblick lässt jedoch die Begeisterung die Worte noch fließen.

In vielen Ehen wird der Partner leider sehr schnell zur Selbstverständlichkeit. Häufig begegne ich Frauen und Männern, die kaum Zeit für eine Unterhaltung erübrigen konnten und die jetzt, in Krisenzeiten, nur zu gern reden würden. Einer meiner Freunde hatte vor einiger Zeit Probleme in seiner Ehe. Er ist ein typischer leitender Angestellter und braucht das Klingeln des Telefons. Unzählige Male hat er seiner Frau und seinen Kindern versprochen: »Später, nächstes Wochenende vielleicht, werden wir uns Zeit für dieses oder jenes nehmen.« Aber er hat sich geändert. Er hat eingesehen, dass er zwar beruflichen Erfolg hatte, aber Gefahr lief, alles zu verlieren, was ihm wirklich wichtig war. In den vergangenen acht Jahren war er an jedem Dienstagabend mit seiner Frau verabredet. Manchmal gingen sie zum Essen aus, manchmal unternahmen sie auch gar nichts Besonderes, aber sie haben gelernt, wieder miteinander zu reden und sich zu zeigen, dass sie einander wichtig sind.

Natürlich sehnen sich viele Menschen nicht nur nach einem Menschen, der mit ihnen spricht, sondern auch nach jemandem, der ihnen *zuhört*. Wir können einem anderen kein größeres Kompliment machen, als ihm *mit den Augen* zuzuhören. Wenn wir dies tun, zeigen wir ihm damit: »Ich höre dir zu.« Das verleiht ihm Würde und zeigt unsere Wertschätzung; darum sollten wir uns immer zu unseren Kleinkindern hinunterbeugen, wenn wir mit ihnen sprechen.

Aber was ist mit den beiden Menschen, die an jenem Tag im September in mein Büro kamen? Die Frau rief mich am folgenden Tag an, um mich zu bitten, die Angelegenheit zu den Akten zu legen. Und was war mit dem Mann mit dem zerknüllten Zettel? Er tat etwas Seltsames: Er schrieb seiner Frau einen Brief. Manchmal kann man etwas besser schreiben, als es im persönlichen Gespräch in Worte zu fassen. Nachfolgend ein kleiner Auszug von dem, was er ihr schrieb:

> *»… Ich hatte keine Vorstellung davon, was mein Versäumnis, mit dir zu reden, unserer Beziehung angetan hat. Das Leben ist so hektisch gewesen und vermutlich habe ich gedacht, es würde ein Morgen geben. Aber für mich ist dieses Morgen jetzt unmöglich geworden. Ich kann nur erahnen, wie isoliert du dich gefühlt haben musst, und ich weiß, du hast keinen Grund anzunehmen, dass ich mich ändern kann. Aber ich habe euch alle verloren und ich möchte euch zurückgewinnen.«*

Zwei Jahre später erhielt ich einen Brief von seiner Frau. Sie schrieb:

> *»Es wäre falsch, wenn ich sagen würde, dass nun alles wundervoll ist – es gibt so vieles, das wir aufzuarbeiten haben. Aber wir sprechen jetzt wenigstens über diese Dinge. Wenn wir verletzt sind, dann sagen wir es, und wir haben gelernt, uns Zeit für das Gespräch zu nehmen. Er hat sich*

sehr verändert. Ich weiß nicht, was Sie ihm damals gesagt haben, aber es hat funktioniert.«

Eigentlich habe ich überhaupt nichts gesagt.

Aktionsseite

- ❑ Versuchen Sie, sich einmal pro Woche einen Abend Zeit füreinander zu nehmen. Verteidigen Sie diesen Abend mit Ihrem Leben.

- ❑ Hören Sie mit den Augen zu.

- ❑ Gehen Sie häufiger miteinander spazieren.

- ❑ Verwechseln Sie das Bedürfnis Ihres Partners nach Freiraum nicht mit Zurückweisung.

Ein Archäologe ist der beste Mann,
den eine Frau sich wünschen kann:
Je älter sie wird,
desto mehr Interesse zeigt er für sie.

Agatha Christie

Ziel 2

Nehmen Sie sich Zeit

In der Nähe unseres Hauses befindet sich ein Fitnessclub. Es ist wirklich faszinierend. Bevor Sie fragen, welche besonderen Aktivitäten meine Aufmerksamkeit so gefesselt haben, muss ich Ihnen sagen, dass es nicht die Aktivitäten sind. Man kann hier einfach wunderbar Menschen beobachten. Alle möglichen Typen sind dort anzutreffen. Junge Männer mit schlanker Taille kommen in modernen Jogginganzügen, ältere Männer mit nicht mehr ganz so schlanker Taille tragen Trainingsanzüge, die sie vermutlich seit der fünften Klasse nicht mehr anhatten.

Aber wirklich bemerkenswert ist, wo diese Leute ihre Autos abstellen. Immer häufiger parken sie auf den für behinderte Menschen reservierten Parkplätzen unmittelbar neben dem Eingang. Der Club hat schon alles Mögliche unternommen, um sie auf ihre Rücksichtslosigkeit aufmerksam zu machen, aber sie wollen sich einfach nicht fügen. Ist das nicht seltsam? Sie eilen nach der Arbeit zu ihrem Club und unterziehen ihren Körper allen möglichen Torturen, um fit zu bleiben – aber sie sind nicht bereit, die Behinderten-Parkplätze zu respektieren und zwanzig Meter bis zum Eingang zu laufen. Wenn man mutig genug wäre, sie inmitten eines Aerobic-Durchgangs zu stören und zu fragen, warum sie das tun, würde man wohl zur Antwort bekommen: »Ich hatte es eilig.«

Wir sind eine Gesellschaft, die sich immer in Hektik befindet. Man hat uns davon überzeugt, dass »schnell« gleichbedeutend mit »gut« ist. Neulich sah ich eine Anzeige für einen mehr als 40 000 Pfund teuren Wagen. Die Überschrift lautete: »Seks-Appeal«. Auf diesem Werbeplakat wurde mit dem Hinweis geworben, dass das Auto 2,7 Sekunden schneller von 0 auf 100 beschleunigen könne als sein Konkurrent. Ist das nicht eine gute Neuigkeit? Wir brausen in diesen Wundern der modernen Technik davon und lassen Michael Schumacher in seinem Ferrari weit hinter uns. Wir drehen uns um und strahlen ihn an ... und die 2,7 Sekunden sind vorbei.

Unsere Vorfahren haben sich der Zeit unterworfen; wir kämpfen mit ihr. Sie haben Porträts gemalt; wenn wir unsere Urlaubsfotos nicht innerhalb einer Stunde zurückbekommen, werden wir ungeduldig. Einer der Kuratoren des Washingtoner Zoos sagte neulich, die meisten Besucher wären der Ansicht, Nilpferde könnten sehr lange unter Wasser bleiben. Aber im Durchschnitt würden sie nur neunzig Sekunden untertauchen, doch die Touristen hätten nicht die Geduld, auf ihr Auftauchen zu warten.

1 440 Minuten

Zeitdruck tötet Beziehungen. Eine Meinungsumfrage in den USA[1] hat vor kurzem ergeben, dass ein Vater im Durchschnitt weniger als fünf Minuten pro Tag mit seinen Kindern spricht; dieselben Kinder sehen jedoch im Durchschnitt drei Stunden pro Tag fern. Wenn wir keine Zeit haben, können wir keine Beziehungen aufbauen. Diese Männer sind in ihrem Beruf vielleicht sehr erfolgreich, doch wenn sie sich einmal Zeit für die Familie nehmen, werden viele feststellen, dass die Kinder andere Dinge im Kopf haben. Die Tür der Kindheit wird verschlossen sein. Ein Vater drückte es einmal folgendermaßen aus: »Wenn sie klein sind, fallen sie auf das ›später‹ herein.

Doch eigentlich halten wir nicht sie zum Narren, sondern uns. ›Irgendwann einmal‹ erweist sich als ›niemals‹.«

Das kann auch in einer Ehe passieren. Es gibt Ehepartner, die seit zwanzig Jahren verheiratet sind und sich nicht einmal Zeit genommen haben, sich zusammenzusetzen und dem anderen zwanzig Minuten lang zuzuhören. Nicht einmal zwanzig Minuten in zwanzig Jahren; ohne Zeit ist es aber unmöglich, die Liebe lebendig zu halten. Ich zweifle nicht daran, dass der Mann der Frau, die den folgenden Brief geschrieben hat, alles gegeben hat – alles, nur nicht seine Zeit. Und doch wird er vollkommen erstaunt sein, wenn er sie verliert, und ihr sagen, wie auch ich es so häufig getan habe: »Aber ich tue das doch alles für dich und die Kinder.«

»John und ich waren sehr ineinander verliebt, als wir heirateten. Während der ersten Ehejahre hatten wir vor allem finanzielle Probleme, doch dann wurde er befördert. Er musste nun länger arbeiten. Jeden Abend kommt er sehr spät nach Hause. Ich habe ihm so viel zu sagen, doch ich spüre, dass ihm nicht nach Reden zumute ist. Ich bereite ihm sein Essen zu und er verzehrt es allein. Glauben Sie mir, es gibt Zeiten, wo wir einen oder zwei Monate lang nebeneinanderher leben und kein richtiges Gespräch führen. Zwischen uns gibt es keine Nähe und keine Herzlichkeit mehr und doch möchte er am Ende des Tages Sex mit mir haben. Dann liegen wir im Bett, haben seit Wochen nicht miteinander gesprochen und er erwartet von mir, dass ich Leidenschaft zeige. Ich sage Ihnen: Das kann ich nicht. Sicher mache ich mit, aber ich habe nichts davon. Und wenn die Zwei-Minuten-Sache vorbei und John eingeschlafen ist, liege ich da und ärgere mich über ihn. Ich fühle mich wie eine Prostituierte. Können Sie das verstehen? Ich fühle

mich benutzt, wenn ich mit meinem eigenen Mann schlafe. Mein Selbstwertgefühl ist ziemlich angeschlagen. Ich bin eine lausige Mutter und eine schreckliche Ehefrau.«[2]

Der viel zu hektische Lebensstil dieses Mannes macht seine Ehe kaputt. Doch gegen die Frau, die den folgenden Brief geschrieben hat, scheint dieser Mann noch ein ruhiges Leben zu führen.

»Nachdem das Baby geboren war, fing ich sofort wieder an zu arbeiten – und ich meine wirklich sofort. Es hat den Anschein, als hätte ich in der einen Minute das Baby geboren und schon in der nächsten mit einem Klienten telefoniert. Warum sollte ich mich auch beklagen? Ich habe eine Haushaltshilfe – die beste Zeit sparende Einrichtung, die je erfunden wurde. Ich habe einen großartigen Beruf. Das Einzige, was ich nicht habe, ist Zeit. Ich habe keine Zeit für meinen Mann, für mein Kind und auch nicht für mich. Die Menschen halten mich für eine typische Karrierefrau. Doch die Wahrheit ist, dass mein Leben auseinanderbricht.«

Vor einigen Jahren erklärte mir jemand, wie man mit den Papierbergen fertig werden könnte, die wir Tag für Tag in unserem Leben zu bewältigen haben. Sie gab mir mit einem Blick auf meine Post den Rat: »Öffnen Sie sie immer über dem Papierkorb. Sie werden feststellen, dass Sie neunzig Prozent davon sofort zerreißen können. Wenn Sie alles zerreißen, ohne es auch nur geöffnet zu haben, wissen Sie, dass Sie es unter Kontrolle haben!« Ich versuche, ihren Rat zu beherzigen. Doch neulich gelangte per Zufall ein an mich persönlich adressierter Werbebrief trotzdem in meine Hände:

»Lieber Mensch, der es noch nicht allzu weit gebracht hat! Ich möchte Sie nicht beleidigen oder herabsetzen. (Ich dachte: Ist ja toll, dass Sie das nicht tun!) *Ich bin nur zufällig der Meinung, dass die meisten Menschen nicht das erreicht haben, was sie erreichen könnten. Diese unerfüllten Männer und Frauen werden niemals ihre Möglichkeiten voll ausschöpfen können. Ich glaube daran, dass es für einen Menschen keine unüberwindlichen Grenzen gibt, und ich kann Sie zu einem solchen Menschen machen!«*

Es war sieben Uhr morgens und ich stand mit dem Brief in der Hand im Flur meines Hauses, starrte auf meine Pantoffeln und fragte mich: »Möchte ich ein Mensch sein, der alle Grenzen überwindet? Möchte ich in der Lage sein, einen Full-Time-Job auszufüllen, bei unzähligen Komitees mitzuwirken, außerdem in meiner Freizeit noch Krocket und Italienisch zu lernen und trotzdem eine gute Beziehung zu meiner Frau und meinen Kindern zu haben? Würde ich gerne jedesmal Ja sagen, wenn mich jemand um einen Gefallen bittet, und trotzdem noch Zeit für meine Familie haben? Natürlich würde ich das gern können. Aber ich kann es nicht.«

Und der Grund, warum ich das nicht alles gleichzeitig kann, ist der, dass meine Zeit einfach begrenzt ist. Ob ich nun reich oder arm bin, klug oder dumm, mir steht täglich genau dieselbe Zeit zur Verfügung wie allen anderen Menschen. Jeder Tag besteht aus genau 1 440 Minuten. Nachdem ich aufgewacht bin, erkannt habe, dass es nicht Samstag, sondern Montag ist, und mich angezogen habe, bleiben mir noch 1 400 Minuten. Und jeden Tag verbringe ich auf die eine oder andere Weise alle diese Minuten; und jede Entscheidung für eine bestimmte Aktivität in diesen Minuten wird eine andere Aktivität ausschließen.

Es gibt eine Fülle von Zeit sparenden Geräten, Fast Food und kleine Notebooks, die uns helfen, jede Minute des Tages zu verplanen. Das Einzige, was sich nicht vermehren lässt, ist Zeit. Aber keiner von uns würde so leben, wenn wir der Meinung wären, dass das Leben immer so hektisch verlaufen wird und wir niemals mehr Zeit finden würden, eine gute Beziehung zu unserem Mann, unserer Frau oder unseren Kindern aufzubauen. Und so machen wir uns vor, dies sei eben eine hektische Phase in unserem Leben und wenn sie vorüber sei, würden wir wieder mehr Zeit haben. Geduldig warten wir auf einen ruhigeren Tag, doch für die meisten ist dies eine Illusion – dieser Tag wird nie kommen.

In diesem Bereich habe ich persönlich sehr viele Fehler gemacht, doch eines Tages dämmerte mir, dass mir meine Familie durch die Finger glitt, obwohl ich relativ erfolgreich war. Davon habe ich in meinem letzten Buch »Der 60-Minuten-Vater« berichtet. Immer wieder danken mir Menschen vor allem für eine Zeile aus diesem Buch. Während wir an unserer Karriere basteln, dürfen wir nicht vergessen, uns Zeit zu nehmen, um die Beziehung zu den Menschen aufzubauen, die wir lieben. Wenn wir dafür keine Zeit haben, können wir außerhalb des Hauses zwar erfolgreich sein, aber wir werden mit großer Reue zurückblicken.

Und wie heißt nun diese Zeile? Oh, sie ist sehr einfach:

»Noch nie hat jemand auf dem Sterbebett gesagt: ›Ich wünschte, ich hätte mehr Zeit im Büro verbracht.‹«

Die 60-Sekunden-Seite

»Häufig ist es genau dieses Gefühl der Isolation, das schließlich die Liebe abtötet. Wir haben so lange eine Maske getragen und gesagt: ›Oh, mir geht's gut, vielen Dank‹, dass wir nur mit Mühe Lösungen finden.«

»Der eigentliche Grund ist häufig nicht sichtbar, doch noch gravierender: Die Ehepartner haben (unbemerkt) einfach aufgehört, mitcinander zu reden.«

»Wie kannst du eine Stunde mit einem Fremden telefonieren und für mich nicht einmal fünf Minuten erübrigen?«

»Viele sehnen sich nicht nur nach einem Menschen, der mit ihnen spricht, sondern auch nach jemandem, der ihnen zuhört.«

»Es gibt Ehepartner, die seit zwanzig Jahren verheiratet sind, und sich nicht einmal Zeit genommen haben, sich zusammenzusetzen und dem anderen zwanzig Minuten zuzuhören.«

»Obwohl ich relativ erfolgreich war, glitt mir meine Familie aus den Händen.«

Eine Frau heiratet einen Mann mit der lächerlichen Vorstellung, sie könnte ihn ändern. Er heiratet sie mit der törichten Idee, sie würde immer dieselbe bleiben.

Ziel 3

Einen Konflikt überleben

Paul und Caroline waren seit sechs Jahren verheiratet und hatten sich immer damit gebrüstet, noch nie einen richtigen Streit gehabt zu haben. Freunde glaubten das zwar nicht, aber es stimmte – das heißt, bis zum Weihnachtsabend im vergangenen Jahr. Keiner der beiden kann sich erinnern, wie der Streit begonnen hatte. Sie wissen nur noch, dass es mit den Weihnachtsbaumkerzen und einer Rolle Klebeband zu tun hatte. Aber wenn dieses Ehepaar sechs Jahre lang nicht gestritten hatte, so machte es diese Auseinandersetzung in jener bemerkenswerten Stunde zwischen sechs und sieben Uhr abends wett. Im Laufe der Auseinandersetzung traten Verletzungen zu Tage, die jahrelang unterdrückt worden waren, eine Sache sogar seit dem Tag ihrer Hochzeit. Drei Tage lang sprachen sie kein Wort mehr miteinander und sie waren tatsächlich der Meinung, ihre Ehe sei in die Brüche gegangen. Am Silvesterabend fingen sie an, miteinander zu sprechen. Jetzt ist ihre Beziehung wieder in Ordnung, doch etwa alle zwei Monate streiten sie miteinander. Sie haben erkannt, dass das viel gesünder ist.

War es gut, dass dieses Ehepaar niemals gestritten hatte? Nein. Ihr Problem war, dass sie sich nicht genügend auseinandersetzten. Nur wenigen Menschen macht es Spaß, sich zu streiten, aber an sich ist ein Streit keine schlechte Sache. Wichtig ist nur, *wie* wir damit umgehen. Es gibt Arten der Auseinandersetzung, die den Streit eskalieren und vielleicht sogar bleibenden Schaden entstehen lassen. Nachfolgend vier »schlechte Schachzüge«.

Schachzug 1: Vergiss das Thema, greif den Menschen an

Stellen Sie sich vor, Susan hätte schon wieder den Zahnarzttermin ihres Sohnes vergessen. Ihr Mann Dave entdeckt den Terminzettel unter einem Haufen von Werbeprospekten in der Küche und sagt: »Du hast das natürlich schon wieder vergessen, oder?« Hätte er es dabei belassen, hätten sie sich darüber auseinandersetzen können, warum sie es vergessen hatte, aber er beschließt, sie persönlich anzugreifen. »Du bist eine schlechte Frau und Mutter!« So etwas hat er ihr nicht zum ersten Mal gesagt, doch sobald er es ausgesprochen hat, tut es ihm schon Leid; die Langzeitfolgen bei ihr aber sind nicht einzuschätzen. Diese Worte und das Gefühl, das sie vermitteln, wird sie niemals vergessen.

Dasselbe gilt für Kinder. Ihre Tochter wird sich von einer Auseinandersetzung über ein schlechtes Zeugnis schnell wieder erholen, aber Sätze wie: »Du bist so dumm. Warum kannst du nicht so sein wie deine Schwester? Du wirst nie etwas erreichen«, wird sie vielleicht niemals verarbeiten können.

Schachzug 2: Das Thema ausweiten

Bei dieser Vorgehensweise versuchen wir, andere Ereignisse in den Streit mit einzubeziehen, die uns ein wenig mehr Stoßkraft geben, anstatt nur über die Situation zu streiten. Das läuft dann etwa folgendermaßen ab: »Wie kommt es, dass du den Termin schon wieder verschwitzt hast? Du bist eine schlechte Frau und Mutter«, und dann: »Darum war auch der Urlaub mit meiner Mutter im vergangenen Jahr eine solche Katastrophe.« Faszinierend ist, dass der angegriffene Partner nun nicht kontert: »Was um alles in der Welt hat der Urlaub vom vergangenen Jahr mit dem Zahnarzttermin zu tun?« Nein, er greift nun seinerseits zu demselben Mittel: »Ja, ich bin eine schlechte Mutter. Und du bist so großartig, dass du schon viermal bei Beförderungen übergangen worden bist.« Jetzt ist die Zündschnur in Brand gesetzt. Bringen Sie sich in Sicherheit!

Schachzug 3: Die alten todsicheren Bomben hervorholen

In jeder Ehe gibt es mindestens sechs von diesen Bomben. Wir holen sie hervor, wenn uns die Argumente ausgehen und wir eine wirkungsvolle Waffe brauchen. Diese Bomben können Sex sein, Heimwerkerfähigkeiten, Gewichtsprobleme, der Umgang mit den Kindern. Gewöhnlich wärmt man vergangene Zwischenfälle mit der angeheirateten Verwandtschaft wieder auf oder bringt Geld oder einen Urlaub ins Spiel. Manchmal schämen wir uns, sie zu gebrauchen, weil es alte Geschichten sind, darum leiten wir sie mit Sätzen ein wie: »Du wirst dich *niemals* ändern« oder: »Du machst *immer* …« und: »*Nie* machst du …« Andere Sätze, die dem Streit neue Nahrung geben, sind: »Ich kann nicht vergessen, wie du …« oder: »Dein Problem ist, dass du noch *immer* …«

Solche Sätze sind nicht sehr konstruktiv, weil sie eine Veränderung ausschließen und weil sie ausschließen, dass einer Person das Vergangene Leid tut. Schlimmer noch: Sie zeigen einen Mangel an Ideenreichtum in der Kunst des Streitens. Lassen Sie Ihre Finger davon.

Und wenn nur, um neue Bomben zu finden.

Schachzug 4: Niemals einen Streit verlieren

Der Konflikt in einer Ehe ist vorprogrammiert, wenn einer der Partner gut mit Worten umgehen kann. Er hat immer das letzte Wort. Er hat die Fähigkeit zu verdrehen, zu manipulieren, anerkannte Autoritäten heranzuziehen und in dem anderen den Wunsch zu wecken, sich nie auf diesen Streit eingelassen zu haben. Und er ist wirklich der Meinung, er würde den Streit gewinnen. Allerdings erkennt er nicht, was er zurücklässt: unbewältigte Wut, Verbitterung und wachsende Verärgerung, weil der andere nicht in der Lage ist, seinen Standpunkt zu vertreten. Für eine solche Person gibt es nur eine Hoffnung: Sie muss lernen, in einer Auseinandersetzung auch den Kürzeren zu ziehen; sie muss verstehen, dass gewinnen normalerweise gar nicht so wichtig ist, wie es zu sein scheint; sie muss zurückweichen und dem anderen die Gelegenheit geben zu sagen, was er empfindet. Wenn wir das tun, werden wir zwei Dinge entdecken. Erstens: Der Konflikt wird sich schneller lösen lassen. Zweitens: Am darauf folgenden Tag wissen wir nicht mehr, worum es bei diesem Streit überhaupt ging.

Jeder dieser vier schlechten Schachzüge kann einen harmlosen Streit in den Dritten Weltkrieg verwandeln. Aber selbst wenn wir gut mit einem Konflikt umgehen, gibt es Situationen, in denen die einzige Lösung nicht nur eine Technik ist, sondern tiefer geht …

Erinnerungen

Man sagt, die Zeit würde uns Vergangenes durch eine rosarote Brille sehen lassen. Das muss wohl so sein.

Hin und wieder begegne ich Menschen, mit denen ich zusammen zur Schule gegangen bin. Sie hassten die Schulstunden, die Lehrer – und mich. Doch nun treffen wir uns in einem Geschäft und begrüßen uns mit einem Überschwang, als hätten wir gerade David Livingstone entdeckt. Wir stellen unsere Einkäufe ab und schwelgen in Erinnerungen an die gemeinsamen Jahre. Es ist fast immer dasselbe: Wir nehmen uns fest vor, uns regelmäßig zu treffen, Kontakt zu den anderen Absolventen des Jahrgangs 1967 aufzunehmen, sogar zu Donald Griffiths, der im Augenblick einen Nachtclub in Abu Dhabi leitet, und uns bis zu unserem Tod mindestens einmal im Jahr zu treffen.

So ist es nicht nur mit der Schulzeit; auch bei der Erziehung läuft es ähnlich. Wieso können wir auf die Kindheit unserer Sprösslinge zurückblicken, ohne dass wir zu schreien beginnen? Damals waren wir häufig nur noch Nervenbündel, doch heute hören wir uns liebevoll von der Zeit reden, als Nick (jetzt zweiunddreißig – damals zweieinhalb) einen Eimer Farbe über den neuen Teppich geschüttet hat. Wir Menschen neigen einfach dazu, uns in diesem Fall immer an das Beste zu erinnern.

Aber etwas ist komisch: Wenn die Zeit so clever ist und die kleinen Schrecken der Vergangenheit aus unserem Gedächtnis auslöscht, warum fällt es uns dann so schwer, die Gelegenheiten zu vergessen, bei denen uns ein Mensch, den wir lieben, schrecklich weh getan hat? Es könnte die Erinnerung an eine Affäre sein oder an die Art, wie wir behandelt wurden, als wir dringend Hilfe gebraucht hätten. Ein Mann bemerkte einmal ziemlich treffend: »Man weiß gar nicht, was für ein gutes Gedächtnis man hat, bis man verzweifelt versucht, etwas zu vergessen.« Immer wieder sagen mir Menschen: »Ich kann einfach nicht vergessen – ich wünschte, ich könnte es.« Vielleicht können wir diese Erinnerungen nicht auslöschen – aber wir können als einen Akt des Willens beschließen, sie nicht auch noch zu nähren. *Wir können vergeben.*

Als Anne Jack von dem Verhältnis erzählte, war diese Beziehung bereits beendet. Sie konnte nicht einschätzen, wie Jack reagieren würde, und eigentlich rechnete sie mit einem Dutzend Möglichkeiten, auch damit, dass er sie vielleicht verlassen würde. Aber nichts davon passierte. Damit hatte sie nicht gerechnet. Es gab keinen Kommentar, keine Tränen, keine Wut, nur Schweigen – fast zwei Monate lang. Schließlich schrieb sie ihm einen Brief:

> *»Jack, wenn ich dieses letzte Jahr zurückdrehen könnte, würde ich es bestimmt tun. Ich weiß nicht, wieso ich das getan habe. Sicher, wir hatten eine schlimme Zeit, aber das war kein Grund für mich, dir das anzutun. Ich liebe dich und ich liebe unsere Kinder, aber falls wir überhaupt eine Chance haben, zusammenzubleiben, dann muss ich dich um etwas bitten, das ich nicht verdient habe: Du musst mir verzeihen. Du brauchst mir nicht noch einmal zu sagen, wie falsch ich gehandelt habe. Das weiß ich. Du brauchst mir nur zu vergeben.«*

Dieser Brief war der Anfang des Weges zurück zueinander. Einen ganzen Tag lang weinte er wie ein Kind. Aber er vergab ihr. Zusammen beschlossen sie an diesem Tag, einen Neuanfang zu wagen, alles zu tun, was in ihrer Macht stand, um die Vergangenheit zu vergessen. Das ist kein leichter Weg; noch immer wacht er manchmal mit diesem seltsamen Druck in der Magengegend auf. Doch mit einem Akt des Willens hat er sich geschworen, diese Verletzung zu begraben. Das passierte vor sieben Jahren und bis zum heutigen Tag hat er ihr die Sache nie vorgehalten und sie niemals angesprochen, wenn er in einem Streit zu unterliegen drohte. Und trotz allem haben sie ihre Liebe wiedergefunden.

Vergebung ist kein Fußabtreter. Ein Mann, der sich zwischen seiner Geliebten und seiner Frau nicht entscheiden kann, an den Wochenenden nach Hause kommt und am Montag wieder geht, sagt wie ein Fünfjähriger: »Ich liebe euch beide.« Er braucht Vergebung, aber genauso dringend braucht er etwas, das ihm hilft, seine Gedanken zu ordnen. Manchmal ist es das Ultimatum seiner Frau, die sagt: »Ich liebe dich mehr, als du ahnst, aber so kann es nicht weitergehen. Du musst dich jetzt entscheiden.«

Vergebung geschieht nicht auf übernatürliche Weise; unsere Ansprüche an den anderen können auch zu hoch sein. Manchmal erwarten wir, dass alles sofort wieder so zwischen uns ist, wie es einmal war, aber das braucht Zeit.

Am Ende eines Seminars wartete ein junges Ehepaar geduldig darauf, mit mir sprechen zu können. Erst als sich der Raum geleert hatte, erzählten sie mir ihre Geschichte. Ein Jahr zuvor hatte er ein Verhältnis mit einer anderen Frau gehabt. Er sagte: »Ich habe meiner Frau alles gebeichtet und sie um Vergebung gebeten. Ich nahm meinen Ehering ab und sagte: ›Steck ihn mir erst wieder an, wenn du mir wieder vertrauen kannst.‹« Und dann lächelte er, hob seine Hand und fuhr fort: »Letzten Monat hat sie ihn mir wieder angesteckt.« Er war erleichtert, aber ich wandte mich ihr zu, um zu sehen, wie sie reagierte. Ihren Kopf hielt sie gesenkt. Ich sagte zu ihm: »Natürlich kann ich mich irren, aber ich glaube, dass sie, als sie den Ring an Ihren Finger gesteckt hat, damit nicht gesagt hat: ›Ich vertraue dir wieder.‹ Vielmehr wollte sie vermutlich damit sagen: ›Von ganzem Herzen möchte ich dir wieder vertrauen.‹«

Sie hob den Kopf und sagte: »Genau so empfinde ich.«

Es dauerte eine Weile, bis das Vertrauen in dieser Ehe wieder aufgebaut worden war, aber der Anfang war gemacht. Was wie ein Krebsgeschwür gewuchert hätte, wurde aufgearbeitet. Und wir brauchen eine solche Vergebung nicht nur in großen Dingen, sondern in den kleinen Verletzungen des täglichen Lebens, die in jeder Beziehung vorkommen.

Natürlich ist auch Vergebung sehr schmerzlich, doch sie lässt nicht zu, dass dieser Schmerz die Beziehung auf Dauer beeinträchtigt. Sie ist immer schwer, in den Augen von anderen vielleicht sogar manchmal dumm, aber im Grunde genommen genau das, was Gott von uns möchte.

Ohne Vergebung gibt es keine Hoffnung für uns.

Aktionsseite

- ❏ Gehen Sie nie zerstritten ins Bett, ohne den Konflikt vorher zu lösen. (Es könnte eine lange Nacht werden!)
- ❏ Setzen Sie Ihren Partner niemals in der Öffentlichkeit herab.
- ❏ Seien Sie immer der Erste, der um Verzeihung bittet.
- ❏ Kritisieren Sie weniger. Entdecken Sie die Macht des Lobens.

Als sie bei der Party ankommen, sagt der Mann zu seiner Frau: »Und versuch nicht wieder, mich jedes Mal aufzuhalten, wenn ich sage: ›Halt mich auf, wenn du das schon mal gehört hast.‹«

Ziel 4

Akzeptieren Sie, was Sie nicht ändern können

Als ich die Anzeige zum ersten Mal entdeckte, war ich zwölf Jahre alt und schwächlich; ich war fast vierzehn, bis ich genügend Geld zusammengespart hatte, um mir den Kurs zu bestellen. Zwölf lange Tage wartete ich darauf, dass der Briefträger mir das Päckchen brachte, das mein Leben verändern sollte. Es kam an einem Mittwoch. Ich konnte es unmöglich vor den Augen meiner Familie öffnen und eilte nach oben in mein Schlafzimmer. Der Inhalt war nicht ganz so umfangreich, wie man aus der Schachtel hätte schließen können, aber trotzdem sehr verheißungsvoll.

Von dem Cover eines Buches strahlte mich ein Mann an; sein Name war Charles Atlas. Er versprach mir, dass nicht nur die größeren Kinder aufhören würden, mich auf dem Schulhof zu verprügeln, sondern dass mir auch die Mädchen scharenweise hinterherlaufen würden, wenn ich seinem Geheimrezept – einem intensiven Trainingsprogramm – folgen würde. Und wie sehr wünschte ich mir doch, dass die Mädchen mir hinterherliefen!

Wenn ich an diesen kleinen Jungen zurückdenke, der alle möglichen Verrenkungen mit seinem Körper anstellte, muss ich gleichzeitig lachen und weinen. Man hatte mir versprochen, ich würde nach nur zehn Tagen schon eine Veränderung feststellen – und das war auch der Fall: Als ich am neunten Tag einen Muskel im hintersten Winkel meiner Schulter bearbeitete, verrenkte ich mir den Hals. Den ganzen Sommer über musste ich eine Halskrause tragen und einen Monat lang lief ich mit zur Seite gewandtem Kopf herum. Wenn ich am Strand lag, hatte ich mehrere Handtücher als Stütze unter meinen Kopf gelegt. Alle bemitleideten mich. Zwar verprügelte mich niemand, aber mir liefen auch keine Mädchen hinterher.

Wir lächeln über die Bemühungen eines kleinen Jungen, sich selbst zu ändern; ein Mensch zu werden, der er nie richtig sein konnte. Aber viel zu oft versuchen wir das bei denen, die wir lieben.

Der folgende Brief ist zweifellos einer der bittersten, die ich je erhalten habe:

»Für meinen Vater war ich eine herbe Enttäuschung, denn er hatte sich sehnlichst einen Sohn gewünscht. Er nahm mich nie in den Arm, lobte mich oder sagte mir, dass er mich liebe. Mir ist klar, dass er ein Produkt seiner Generation war, und ich habe ihm vergeben, aber mein Selbstwertgefühl ist gleich Null. Ich bin oft deprimiert und leide unter Schuldgefühlen – ich bin fünfundachtzig Jahre alt.«

Ich habe oft an diese Frau denken müssen. Ich habe mir vorgestellt, wie sie als Kind mit den Zeichnungen im Haus herumlief, die sie für ihren Vater gemacht hatte, wie sie als Teenager versuchte, eine Tochter zu sein, auf die er stolz sein konnte, und wie sie noch als erwachsene Frau den Beruf wählte, den er billigen würde. Sie hatte verzweifelt versucht, sich die Liebe ihres Vaters zu verdienen. Aber das gelang ihr nicht. Sie hätte ihm nur gefallen können, wenn sie jemand geworden wäre, der sie nicht sein konnte.

Unter einem solchen Druck zu leben, ist sehr frustrierend. Andere Menschen haben dieses junge Mädchen sicherlich geliebt und manche haben sie bestimmt auch gelobt, doch der einzige Mann, von dem sie sich ein Lob gewünscht hätte, tat es nicht. Und er verfolgte sie. In der Kindheit und dann auch als junge Erwachsene. Noch nach seinem Tod war es, als würde ihr sein Geist über die Schulter blicken. Es ist ihr nie gelungen, sich von ihm zu lösen, und nun steht sie selbst an ihrem Lebensende und empfindet noch immer den Druck, ein Mensch sein zu müssen, der sie nie sein kann.

So etwas kann auch in der Ehe vorkommen. Ich kenne viele Menschen, die sich andere Ehepaare ansehen und sich wünschen, ihr Partner wäre so wie der des Freundes. Sie flüstern: »Wenn Thomas nur Jens ähnlicher wäre« oder: »Du hast so großes Glück, dass du Vicky hast«. Manchmal sind es körperliche Dinge, die sie an ihrem Partner gern ändern würden.

Etwas sehr Trauriges sah ich im Fernsehen. Die Frau eines Schönheitschirurgen hatte sich bereits zehn kosmetischen Operationen an unterschiedlichen Körperteilen unterzogen, um ihrem Mann zu gefallen. Sie lächelte zuversichtlich und sagte: »Er wird mich nie verlassen. Wenn ich ihm nicht mehr gefalle, kann er mein Aussehen verändern.«

Veränderung kann durchaus etwas Positives sein. Wir wollen alle, dass sich unser Partner verändert. Problematisch wird es allerdings, wenn wir erwarten, dass unser Partner zu einem Menschen wird, der er nie sein kann. Es wäre nicht schwierig, ihn zu lieben, wenn unser Partner genauso wäre, wie wir ihn uns wünschen, aber wenn unsere Beziehung überleben soll, müssen wir lernen, ein wenig anders zu lieben; wir müssen lernen, nicht nur *wegen* zu lieben, sondern *trotz*.

Hier gibt es ein großes Problem: Wir leben in einer Kultur, die scheinbar vergessen hat, diese Art von Liebe zu geben. Alles ruft uns zu: »Du hast nur das Beste verdient.« Und leider neigen wir immer mehr dazu, das schließlich auch zu glauben.

Wir stellen uns den Menschen vor, der uns vollkommen glücklich machen würde. Wenn sie oder er nur ein wenig dünner oder dicker oder klüger oder strenger im Umgang mit den Kindern wäre. Wir möchten vielleicht einen Partner, der attraktiv, humorvoll, handwerklich begabt, eine gute Köchin oder ein Sexprotz ist. Aber die Person, mit der wir verheiratet sind, kann nicht alles gleichzeitig sein. Und wenn wir besessen sind von der Vorstellung, wie unser Partner sein sollte, übersehen wir häufig seine guten Eigenschaften.

Manchmal blicken die Ehepartner nach einer Scheidung zurück und fragen sich: »Warum waren mir diese Dinge so wichtig, wo er doch freundlich und immer für mich da war?« oder: »Warum war mir ihre Kleidergröße wichtiger als der Mensch, der sie war?«

G. K. Chesterton hatte gar nicht so unrecht, als er sagte:

»Der Weg, etwas zu lieben, ist zu erkennen, dass wir es verlieren könnten.«

Die 60-Sekunden-Seite

»Einen Streit zu gewinnen, ist normalerweise gar nicht so wichtig, wie es scheint.«

»Man weiß gar nicht, was für ein gutes Gedächtnis man hat, bis man verzweifelt versucht, etwas zu vergessen.«

»Vergebung empfindet Schmerz, doch sie hütet ihn nicht; sie lässt zu, dass das Morgen sich vom Gestern befreit.«

»Problematisch wird es, wenn wir erwarten, dass unser Partner zu einem Menschen wird, der er nicht sein kann.«

Wirst du wie deine Mutter lachen,
Wirst du seufzen wie dein Vater?
Werden einige Dinge eine Generation überspringen,
Wie ich oft gehört habe?
Bist du ein Dichter, ein Tänzer, ein Teufel oder ein Clown?
Oder eine seltsame Kombination aus Dingen, die wir weitergereicht haben?

Mark Cohn[3]

Ziel 5

Die Geister der Vergangenheit

Ich entdeckte sie, als ich die Busstation verließ. Schlurfend kam sie auf mich zu. Ihren alten Mantel hatte sie mit einer Kordel zusammengebunden. Gerade hatte sie den einen Abfalleimer untersucht und ging nun zum nächsten weiter. Sie zog einen Einkaufswagen hinter sich her. Zweifellos hatten ihn schon viele Frauen so wie sie geschoben, doch jetzt befanden sich keine Lebensmittel darin; er war voller Müll – zumindest machte es diesen Eindruck. Neben einem Stapel alter Zeitungen lag ein alter Mantel, ein Paar Schuhe ruhten an einem Campingkocher und Bücher und Schals, Dosen und Becher waren auch zu sehen. Nicht einen Augenblick lang ließ sie den Wagen aus den Augen. Sogar während sie in dem Abfalleimer wühlte, blieb eine Hand an dem Einkaufswagen, so als müsste sie ihr ganzes Hab und Gut beschützen.

Sehen wir uns diese Frau ein wenig näher an. Eigentlich ist sie wie wir alle. Wie diese ältere Frau ziehen auch wir unser Gestern hinter uns her – den Einkaufswagen, in dem wir Erinnerungen, Gefühle, Freuden und Narben aufbewahren. Und wir schieben den Wagen geradewegs in unsere Beziehungen hinein. Dummerweise sind wir der Meinung, wir würden unsere Ehe mit leeren Händen beginnen, doch in Wirklichkeit klammern wir uns an unsere Vergangenheit. Und diese Vergangenheit wird häufig bestimmen, wie wir auf die unterschiedlichsten Situationen reagieren. Vieles sind Trivialitäten – die Art, wie unserer Meinung nach eine Mahlzeit zubereitet werden sollte –, aber auch tiefer gehende Dinge; manchmal wird das Gepäck Einfluss haben auf unsere Fähigkeit, Liebe zu geben oder zu empfangen. Und manchmal scheint es, als würde die Vergangenheit niemals sterben, so sehr wir auch versuchen, sie abzulegen.

Als ich ein kleiner Junge war, gab es nur sehr wenige Dinge, vor denen ich Angst hatte. Wir hatten kein Fernsehgerät und die Comics waren noch harmlos. Nur eine Sache gab es, die unser Blut zum Gefrieren brachte, und die befand sich auf einem kleinen Hügel in der Nähe meines Elternhauses. Der Name, den wir dem Haus gaben, scheint nun auf einen gewissen Mangel an dramatischer Fantasie schließen zu lassen, aber in jenen Tagen bekamen wir schon eine Gänsehaut, wenn wir den Namen nur aussprachen: das »Spukhaus«. Es war aus roten Ziegeln gebaut, stand auf einem etwa zwanzigtausend Quadratmeter großen Grundstück und war schon seit Ewigkeiten nicht mehr bewohnt. Gerüchte gingen um, dass der Besitzer, der bereits seit mindestens zwanzig Jahren tot war, von Zeit zu Zeit erschien und Martin Davies aus der Klasse 4b schwor, er hätte ihn gesehen. Ich verbrachte viel Zeit in diesem Haus, untersuchte jeden Winkel und schrak jedes Mal zusammen, wenn eine Katze eine Blechbüchse umstieß. Aber den vermeintlichen Geist sah ich nie.

Seither bin ich vielen Geistern begegnet. Oh, ich spreche nicht von Erscheinungen; nein, die Geister, die ich meine, sind dafür viel zu real. Eine solche Begebenheit ist mir sehr deutlich im Gedächtnis geblieben: Es passierte an einem Sonntagabend mitten im Winter. Dianne und ich waren bei einem befreundeten jungen Ehepaar zum Abendessen eingeladen, das gerade von der Hochzeitsreise zurückgekehrt war. Der junge Ehemann hatte die Wohnung aufgeräumt und seine Frau ein tolles Essen gekocht. Ich zweifle nicht daran, dass sie uns ein wenig beeindrucken wollten, aber das machte uns nichts aus.

Über kurz oder lang würden sie wie alle Ehepaare sein, die Besuch erwarteten: Sie würden Socken und leere Chipstüten hinter die Kissen stopfen und versuchen, ein Hähnchen innerhalb von fünf Minuten aufzutauen.

Es war ein wunderschöner Abend, das heißt, bis das Dessert kam. Ich bin kein Koch, aber selbst ich konnte sehen, dass dieses Soufflé nicht ganz gelungen war. Aber das wäre gar nicht schlimm gewesen, wenn der Ehemann nicht einen Witz darüber gemacht hätte. Ich muss zugeben, auch ich dachte, dass der Nachtisch wirklich wie eine Frisbeescheibe aussah – doch ich hätte nie gedacht, dass die junge Frau seine Flugfähigkeit ausprobieren würde! Er traf ihren Mann mitten ins Gesicht. Sie brach in Tränen aus und rannte hinaus.

Dianne folgte ihr die Treppe hinauf und ich half ihm, die Sahne von den Vorhängen abzukratzen.

Er fragte mich: »Was war denn das?«

»Ein Geist hat uns besucht«, entgegnete ich.

Ich hörte, dass die junge Frau sich oben ein wenig beruhigte, doch obwohl ich vermutlich nur wenig Zeit hatte, sprach ich mit ihm darüber, was meiner Meinung nach der Grund für diesen Zwischenfall war. Wir unterhielten uns über seinen Schwiegervater, den ich sehr gut kannte. Ich bin davon überzeugt, dass dieser Mann seine Frau liebte, doch aus irgendeinem nur ihm bekannten Grund setzte er sie andauernd in der Öffentlichkeit herab. Ich hatte miterlebt, wie er sich über ihre Kleider, ihr Gewicht und, ja, auch über ihre Kochkünste lustig gemacht hatte. Die junge Frau, die oben saß und weinte, hatte mit ansehen müssen, wie ihr Vater jedes bisschen Selbstwertgefühl untergrub, das seine Frau entwickelte. Schließlich hatte dieses Verhalten ihre Liebe zu ihm getötet. Als ihre Mutter ihn vor drei Jahren verließ, war sie nicht auf der Suche nach Sex, sondern nach Selbstwertgefühl.

Ich sagte: »Ihre Frau hat in Ihnen ihren Vater gesehen. Er ist noch immer lebendig – es ist, als sei ein Geist gekommen.« Er sagte nur wenig, aber an diesem Abend änderte sich in ihm etwas. Das alles passierte vor vielen Jahren und mittlerweile ist er einer der umsichtigsten Ehemänner, die ich kenne.

Die Vergangenheit kann jeden Augenblick auftauchen und einen großen Einfluss auf uns ausüben – diese Tatsache müssen wir akzeptieren und aufarbeiten. Das könnte zum Beispiel bedeuten, dass wir innehalten und uns fragen: »Warum empfinde ich so?«, »Warum sage ich solche Dinge?« oder: »Warum macht mir das so viel aus?« Das ist nicht leicht; dazu sind Geduld und Verständnis nötig, aber wir können tatsächlich erkennen lernen, warum wir in bestimmten Situationen so und nicht anders reagieren. Aber diese Erkenntnis alleine reicht nicht aus: Wir müssen auch mit unseren Partnern ehrlich über die Verletzungen und Enttäuschungen der Vergangenheit sprechen. Sie haben es verdient, alles zu erfahren.

Wir können lernen, die alten Eigenheiten, die schmerzlichen Erinnerungen, die eingefahrenen Ansichten zu erkennen – die Dinge aus längst vergangener Zeit, die sich zusammenrotten, um uns heute der Liebe zu berauben. Wenn wir sie akzeptieren, kann vieles an unserem Verhalten und unseren Reaktionen verstanden und geändert werden.

Und es wird uns helfen, wenn uns die Geister heimsuchen.

Aktionsseite

- ❑ Seien Sie bereit, bei einem Streit auch mal nachzugeben, selbst wenn Sie der Überzeugung sind, dass Sie Recht haben.

- ❑ Bringen Sie Ihrem Partner Blumen oder andere kleine Geschenke mit, auch wenn er/sie nicht Geburtstag hat oder es sich um einen Jahrestag handelt.

- ❑ Führen Sie gelegentlich einen fernsehfreien Abend ein.

- ❑ Versuchen Sie, wenn Sie abends nach Hause kommen, mit Ihrem Partner zu sprechen, bevor Sie irgendetwas anderes tun.

»Die erste Pflicht der Liebe ist es zuzuhören.«

Paul Tillich

Ziel 6

Elternschaft: nur nicht durchdrehen!

Ich habe Mitleid mit der Person, die sagte: »Irrsinn ist erblich – man bekommt ihn von seinen Kindern!« Ich glaube nicht, dass ich meine Kinder mehr lieben könnte, aber warum hat uns niemand gewarnt, dass sie die Beziehung zu unserem Partner verändern? In der einen Minute verbrachten Dianne und ich unsere Abende mit gemeinsamen Spaziergängen, Besuchen bei Freunden und Lesen vor dem Kamin. Im nächsten Augenblick wanderten wir um Mitternacht auf der Straße herum, sangen Kinderlieder und kämpften gegen unsere postnatale Depression an (bei mir!).

Und warum hat uns niemand darauf vorbereitet, Eltern zu werden? Denjenigen von Ihnen, die keine Kinder haben, empfiehlt Colin Bowles zwölf einfache Tests, anhand derer Sie prüfen können, ob Sie bereit sind, Eltern zu werden.

»Frauen: Ziehen Sie als Vorbereitung auf die Mutterschaft einen Morgenmantel an und hängen Sie sich eine Tasche vor den Bauch, die mit Bohnen gefüllt ist. Lassen Sie sie neun Monate umhängen. Nach neun Monaten nehmen Sie zehn Prozent der Bohnen heraus.
Männer: Gehen Sie als Vorbereitung auf die Vaterschaft in die Apotheke, leeren Sie den Inhalt Ihres Geldbeutels auf den Ladentisch und sagen Sie dem Apotheker, er solle sich selbst bedienen. Gehen Sie dann in den Supermarkt und machen es genauso. Richten Sie es so ein, dass Ihr Gehalt unmittelbar an diese Geschäfte ausgezahlt wird. Gehen Sie

nach Hause. Nehmen Sie die Zeitung. Lesen Sie sie zum letzten Mal.
Können Sie das Chaos ertragen, das Kinder anrichten? Um dies herauszufinden, schmieren Sie zuerst Marmelade auf das Sofa und Gelee an die Vorhänge. Verstecken Sie ein Fischgerippe hinter der Stereoanlage und lassen Sie es den ganzen Sommer über dort liegen. Stecken Sie Ihre Hände ins Blumenbeet und wischen Sie sie dann an der sauberen Tapete ab. Übermalen Sie die Flecken mit Filzstiften. Wie sieht das aus?
Höhlen Sie eine Melone aus. Schneiden Sie ein Loch in die Seite. Hängen Sie sie an der Decke auf und lassen Sie sie schwingen. Holen Sie sich jetzt eine Schüssel mit Bananenbrei und versuchen Sie, ihn mit dem Löffel in die schwingende Melone zu schaufeln, indem Sie vorgeben, ein Flugzeug zu sein. Machen Sie weiter, bis die halbe Schüssel leer ist. Schütten Sie dann den Rest auf Ihren Schoß, wobei Sie dafür sorgen sollten, dass möglichst viel daneben geht. Sie sind nun bereit, ein zwölf Monate altes Kleinkind zu füttern.«[4]

Aber das ist noch der leichteste Teil. Sehr viel schwieriger ist es, dafür zu sorgen, dass die Beziehung zum Partner nicht verkümmert, während die Beziehung zu diesem neuen Menschen wächst. Immer wieder fordere ich Eltern auf, ihren Kindern viel Zeit zu widmen. Trotzdem darf sich die Beziehung zu den Kindern nicht so gestalten, dass sich einer der Partner ausgeschlossen fühlt. Die Ehe funktioniert dann nicht mehr richtig und ist ernsthaft in Gefahr.

Nachfolgend ein paar Tips, die dazu beitragen können, dass Ihre Ehe nach der Geburt eines Kindes nicht zerbricht:

- »Das Beste, was Eltern für ihre Kinder tun können, ist, sich gegenseitig zu lieben« (Dr. Benjamin Salk, Familienpsychologe).
- Zwar sollten Sie Ihrem Baby so viel Liebe geben, wie Sie können, sich gleichzeitig aber auch Ihre Privatsphäre bewahren. Manchmal möchten Sie Ihr Kind vielleicht bei sich im Bett schlafen lassen, aber erlauben Sie es nicht zu häufig. Wenn Sie genügend Platz haben, sollten Sie das Kind so bald wie möglich in seinem eigenen Zimmer schlafen lassen.
- Lassen Sie nicht zu, dass sich die Gespräche mit Ihrem Partner auf Themen wie die neueste Babynahrung oder Beißringe beschränken.
- Machen Sie sich bewusst, wie leicht sich der Vater überflüssig und ausgeschlossen fühlt.
- Unternehmen Sie so viel wie möglich gemeinsam und nehmen Sie in Kauf, dass Ihr Leben vielleicht nicht so perfekt abläuft, wie Sie es geplant hatten. Das Baby wird auch mit einer halb um seinen Kopf geschlungenen Windel überleben.
- Machen Sie sich klar, dass es die Mutter körperlich und psychisch sehr fordert, sich um ein Baby zu kümmern.
- Wenn Sex eine Zeit lang nicht an erster Stelle steht, achten Sie darauf, dass der Partner dies nicht als Zurückweisung empfindet, und versuchen Sie, auf andere Weise Ihre Liebe zu zeigen.
- Verlieren Sie nicht den Kontakt zu Ihren Freunden.
- Lassen Sie Ihr Kind auch einmal für ein paar Stunden in der Obhut einer anderen Person. Manche Eltern würden nicht einmal Mary Poppins als Babysitterin akzeptieren.

Seltsam ist, dass wir auf diese frühen Jahre zurückblicken, als wären sie ein einziger Urlaub gewesen, wenn das kleine Baby dreizehn wird. Das Problem bei Teenagern ist, dass sie sich von hinten an Sie heranschleichen. Was ist nur aus dem kleinen Mädchen geworden, das früher so gern Ihre Hand gehalten hat, wenn Sie einkaufen gingen? Jetzt will sie nur mit Ihnen ausgehen, wenn Sie sich eine Tüte über den Kopf ziehen. Wohin ist dieser kleine Junge verschwunden, der alles erzählte, was er erlebt hat, sobald er aus der Schule kam? Wenn Sie Glück haben, bekommen Sie jetzt gerade mal ein Grunzen zur Antwort.

Lassen Sie sich nicht entmutigen, wenn Sie mit Ihren Teenagern eine schwierige Zeit durchmachen. Auch sie haben es nicht leicht. Sie leben in dieser Zwitterwelt zwischen Erwachsensein und Kindheit und sind dabei, ihre Freiheit ein bisschen auszuloten. Lassen Sie sich möglichst nicht auf eine Auseinandersetzung ein. Machen Sie sich keine Gedanken wegen des Gebrummels. Wenn sie zwanzig werden, fangen fast alle wieder an zu reden.

Aber lassen Sie vor allem nicht zu, dass diese Reibereien mit den Teenagern Sie und Ihren Partner auseinanderbringen. Es ist nicht ungewöhnlich, dass ein Kind in dieser Lebensphase mit dem einen Elternteil nicht so gut auskommt wie mit dem anderen oder sie sogar gegeneinander ausspielt. Halten Sie zusammen, sprechen Sie über die Situation, versuchen Sie nicht, dem anderen die Schuld zu geben, und sprechen Sie mit anderen Eltern über Ihre Erfolge oder Misserfolge, mit anderen Worten: Lachen Sie ein wenig über sich.

Grundsätzlich ist es jedoch wichtig, dass Sie anerkennen, dass auch Erziehung ein Full-Time-Job ist. Dies ist vor allem für den Elternteil notwendig, der zu Hause für die kleinen Kinder sorgt. Unsere Gesellschaft neigt dazu, Kindererziehung nicht als richtigen Job anzusehen. Wenn ein Partner diese Einstellung mit Kommentaren untermauert wie: »Na, was hast du denn den ganzen Tag gemacht?«, dann trifft das den anderen hart. Als Management-Berater habe ich mit Hunderten von Firmen zusammengearbeitet, in erster Linie mit Anwaltskanzleien. Unzählige Aufgaben müssen hier gleichzeitig erledigt werden. Aber nie habe ich eine Aufgabe erlebt, die so viele Fertigkeiten erfordert, wie die Erziehung eines Kleinkindes.

Arbeiten Sie?

Wenn Sie neben dem Haushalt keinen anderen Job haben, lautet die Frage, die Sie bei Partys wahrscheinlich besonders fürchten: »Sind Sie berufstätig?« Ich habe Mitleid mit der Mutter dreier Kinder, die etwa folgendermaßen antwortete:

> *»Natürlich bin ich berufstätig. Im Augenblick engagiere ich mich in einem sozialen Entwicklungsprogramm. Ich arbeite mit drei Altersgruppen. Erstens mit Kleinkindern: Dazu gehören Basiskenntnisse in Kinderpsychologie und Medizin. Zweitens mit Teenagern: Ich gestehe, dass das Programm in diesem Bereich im Augenblick nicht so besonders gut läuft. Drittens: Abends und am Wochenende arbeite ich mit einem Mann im Alter von neununddreißig, der die klassischen Merkmale einer Midlife-Crisis zeigt – also vorwiegend psychotherapeutische Arbeit. Für diesen Job muss man ein hervorragender Organisator sein, ein gewisses Maß an Selbstbewusstsein und einen Abschluss in ›Konfliktbewältigung‹ besitzen. Früher war ich einmal Model, aber das wurde mir zu langweilig.«*

Unterstützen Sie sich gegenseitig bei der Erziehung der Kinder und bemühen Sie sich um ein ausgeglichenes Verhältnis zwischen der Zeit, die Sie Ihren Kindern widmen, und der Zeit, die Sie sich für Ihren Partner nehmen. Die Kinder brauchen Ihre Zeit, aber noch wichtiger ist es, sich füreinander Zeit zu nehmen. Nur das hält Ihre Liebe lebendig.

Und schließlich: Bereiten Sie sich vom Tag ihrer Geburt an auf den Tag vor, an dem die Kinder das Elternhaus verlassen werden. Das kann so schnell geschehen, dass Ihnen der Atem stockt. Geben Sie ihnen alles, was Sie können, aber bauen Sie nicht Ihr Leben auf sie auf. Wenn Sie sich nicht auf diesen Tag vorbereiten, werden Sie nach achtzehn Jahren irgendwann von irgendeinem Bahnhof nach Hause kommen, den Wasserkessel aufsetzen, Ihren Partner ansehen und fragen: »Wer sind *Sie* denn?«

Die 60-Sekunden-Seite

»Wir können lernen, die alten Eigenheiten, die schmerzlichen Erinnerungen, die eingefahrenen Ansichten zu erkennen – die Dinge aus längst vergangener Zeit, die sich zusammenrotten, um uns heute der Liebe zu berauben.«

»Als ihre Mutter vor drei Jahren das Haus verließ, war sie nicht auf der Suche nach Sex, sondern nach Selbstwertgefühl.«

»Wenn sich ein Elternteil so intensiv mit dem Kind beschäftigt, dass sich der Partner ausgeschlossen fühlt, funktioniert die Ehe nicht mehr richtig und ist ernsthaft in Gefahr.«

»Lassen Sie sich nicht entmutigen, wenn Sie mit Ihren Teenagern eine schwierige Zeit durchmachen. Halten Sie durch. Lassen Sie sich möglichst nicht auf eine Auseinandersetzung ein. Wenn sie zwanzig werden, fangen sie meist wieder zu reden an.«

»Es ist wichtig, sich Zeit für seine Kinder zu nehmen, noch wichtiger aber ist es, sich Zeit füreinander zu nehmen. Nur das hält Ihre Liebe lebendig.«

»Ein Feigling kann keine Liebe üben:
Das ist das Vorrecht des Tapferen.«

Mahatma Gandhi

Ziel 7

An die Liebe glauben

Das Ehepaar sitzt schweigend im Beratungszimmer. Wir haben gerade über Konflikte und Kommunikation gesprochen. Plötzlich sagt sie: »Und unser Sexleben ist schon vor Jahren gestorben. Es ist nicht so, dass wir es nicht versuchen, aber wenn mir danach ist, hat er keine Lust, und manchmal möchte er unbedingt, aber dann habe ich keinen anderen Wunsch als zu schlafen. Ich glaube nicht, dass uns noch jemand helfen kann; die Sache ist einfach schon zu verfahren.«

Kann dieses Ehepaar ein Sexleben wiederentdecken, das nur noch in seiner Erinnerung existiert? Vielleicht. Aber erst, wenn sie fünf Mythen zerstreuen, denen Ehepaare immer wieder zum Opfer fallen.

Mythos 1: »So geht es nur uns«

Sie ging an den Regalen im Buchladen entlang. Vor ihr lagen die Zeitschriften ausgebreitet und sie sah sie durch auf der Suche nach etwas, das sie interessierte. Und dann las sie es: »Großartiger Sex mit sechzig!« Sie nahm die Zeitschrift auf, überflog den Artikel und murmelte mit angehaltenem Atem: »Ich scheine abnormal zu sein. Ich bin fünfunddreißig, habe einen Mann, den ich liebe, und doch würde ich, wenn eine der politischen Parteien morgen versprechen würde, den Sex abzuschaffen, sie sofort wählen. Warum kann ich nicht so empfinden wie diese Sechzigjährigen, die vor Energie scheinbar nur so strotzen?«

Eines der größten Probleme bei der Suche nach Hilfe bei Schwierigkeiten in unserer sexuellen Beziehung ist die Annahme, niemand anderer auf der Welt würde das durchmachen, was wir gerade erleben. Doch das ist nicht wahr. In den meisten Ehen gibt es Zeiten, in denen einer der Partner nur wenig Interesse am Sex zeigt. Es kann sein, dass das Interesse an Sex generell gering ist, es kann aber auch sein, dass die Müdigkeit am Ende eines Tages einfach zu groß ist, um an Sex zu denken, geschweige denn ihn zu praktizieren. Dies sind alltägliche Situationen und wie bei anderen Traumata, die uns im Laufe unserer Ehe treffen, haben wir das Gefühl, allein dazustehen. Aber wir sind nicht allein. Es geht nicht nur uns so.

Das Gefühl der Isolation kann jederzeit über uns hereinbrechen, aber vor allem werden wir uns dessen bewusst, wenn alle Welt den Sex zu genießen scheint; das heißt, falls man den Medien Glauben schenken kann …

Mythos 2: Sex ist immer »absolut großartig«

Sarah und Neil waren seit mehr als sechs Jahren verheiratet und hatten eine dreijährige Tochter namens Samantha. Das Zimmer ihrer einzigen Tochter wurde neu eingerichtet, was bedeutete, dass sie an ihrem Lieblingsschlafplatz nächtigen konnte: Seit dem frühen Abend lag Samantha auf einer Matratze am Fußende des Bettes ihrer Eltern.

Es war ein Donnerstag und solange sie denken konnten, hielten sich Sarah und Neil den Donnerstagabend frei. Dieser

»Ehepaar-Abend« war ihnen von einem älteren Ehepaar empfohlen worden und ihrer Meinung nach hatte er entscheidend dazu beigetragen, dass ihre Beziehung noch so gut funktionierte. Nachdem sie Samantha ins Bett gebracht und schließlich das Telefonkabel herausgezogen hatten, war es acht Uhr. Sie hatten Kerzen angezündet, vertilgten eine große Pizza und sahen sich (schon zum dritten Mal) »Schlaflos in Seattle« auf Video an. Kurz nach Mitternacht betraten sie ihr stockdunkles Schlafzimmer und legten sich leise zu Bett, weil sie ihre Tochter nicht aufwecken wollten.

Neil rutschte näher an seine Frau heran und begann im Flüsterton eine Unterhaltung, die vermutlich noch nebenan gehört werden konnte.

Sarah sagte: »Du darfst nicht einmal daran denken!«

»Aber Liebling, sie ist doch fest eingeschlafen und wir hatten einen so wunderschönen Abend.«

»Nein!«

»Sarah, tu mir das nicht an.«

»Nein, ich bin nicht Meg Ryan und du bist sicher nicht Tom Hanks, das hier ist nicht das Empire State Building und unsere Tochter schläft am Fußende unseres Bettes. NEIN!«

»Liebling, bitte.«

In diesem Augenblick ertönte eine Stimme vom Fußende des Bettes. »Daddy! Wenn Mami Nein sagt, dann meint sie es auch!«

Eine solche Situation erlebt man in Filmen nur selten; Hollywood-Sex ist spontan, vollkommen und ohne ein Anzeichen einer Katastrophe. Das wirkliche Leben ist leider zweifelsohne anders.

Denkwürdige Flitterwochen

Tony und Claire sind gute Freunde von mir. Natürlich ist das nicht ihr richtiger Name, aber mit wenigen Änderungen ist die folgende Geschichte tatsächlich so passiert.

Als sie in ihr Hotel kamen, war es elf Uhr abends. Es sah kleiner aus als im Prospekt und Tony war enttäuscht. Die Wahl des Hotel »Esplanade« war nahezu sein einziger Beitrag zu ihrer Hochzeit gewesen. Ein langer Tag lag hinter ihnen, aber abgesehen von der Tatsache, dass sie sich den Inhalt von fast neunzig Glückwunschkarten hatten anhören müssen und Claires Mutter geweint hatte, war die Hochzeit gut verlaufen. Aber das hier war ihre Hochzeitsnacht. Es sollte wirklich ein denkwürdiger Abend werden!
Seine Stimmung besserte sich ein wenig, als er den Mondschein sah, der durch das Fenster fiel. Es würde *gut werden. Und das wäre es auch, wenn nicht der Mondschein auf zwei getrennt stehende Betten gefallen wäre. Tony eilte zum Telefon und verlangte den Manager. »Wir befinden uns auf unserer Hochzeitsreise und dies hier soll Ihre Flitterwochensuite sein!« Der Manager entschuldigte sich; es hatte eine Doppelbelegung gegeben und das andere Paar war bereits in die Luxussuite mit dem Himmelbett eingezogen.*
»Aber in diesem Raum stehen Einzelbetten!«
Der Manager schlug eine Lösung vor, die Tony vermuten ließ, dass das »Esplanade« nicht zum ersten Mal mit diesem Problem konfrontiert war: »Ich schicke jemanden mit einem Seil hoch. Sie können die Betten zusammenbinden.«
»Schicken Sie ihn schnell herauf!«, rief Tony.
Und es war in dieser Nacht, von der er so viele Jahre geträumt hatte und in der der Mondschein durch das Fenster

fiel, dass das Bett mitten in seinen besten Bemühungen auseinanderbrach. Sie plumpsten zu Boden. Tony blickte zur Decke hinauf und wollte auf der Stelle sterben, aber Claire flüsterte ihm zu: »Liebling ... ich glaube, die Erde hat gebebt.«

Eine der Voraussetzungen für eine gute sexuelle Beziehung ist, dass wir aufhören, uns selbst zu ernst zu nehmen. In Hollywood scheint Sex immer einmalig zu sein. Die Betten sind immer gemacht, die Frauen sehen fantastisch aus und scheinen einen unstillbaren Hunger nach Sex zu haben. Die Männer sind wie Tiere und doch zärtlich, rau und doch sanft und schlafen niemals sofort danach ein. In der wirklichen Welt sieht es ein wenig anders aus. In der wirklichen Welt gibt es die Periode, Müdigkeit, Stress und Kinder, die darauf programmiert zu sein scheinen, beim geringsten Anzeichen von Leidenschaft aufzuwachen. Genießen Sie die Filme, aber vergleichen Sie nicht Ihr Liebesleben damit!

Ich bekomme Briefe, in denen Artikel aus Zeitschriften zitiert werden, wonach die meisten Ehepaare statistisch gesehen 2,7-mal pro Woche Sex haben (Ich frage mich, wie wohl das 0,7. Mal aussieht). Die Briefeschreiber fragen: »Wir haben längst nicht so oft Sex miteinander; sind wir unnormal?« Meine Antwort ist immer dieselbe: »Vergessen Sie die Statistik. Es ist egal, ob Sie 2,7-mal pro Tag, Woche oder Monat Sex haben. Was zählt, ist einzig und allein, dass Sie beide eine sexuelle Ausdrucksform gefunden haben, die Sie befriedigt.«

Sex ist ein wichtiger Teil einer Ehe, aber nicht das Maß, an dem Liebe gemessen werden sollte. Im Hollywood Zeitalter ist eine solche Aussage schwer zu glauben, aber es ist mehr als Sex notwendig, um eine dauerhafte Beziehung aufzubauen.

Ein Junggeselle wollte sich von einem Computer die perfekte Partnerin suchen lassen: »Ich möchte eine Gefährtin, die klein und attraktiv ist, Wassersport und Aktivitäten in der Gruppe liebt.«

Der Computer antwortete: »Heiraten Sie einen Pinguin.«

»Ehepaare sagen, sie hätten keine Zeit für Sex, aber häufig ist es so, dass sie sich die Zeit dafür nicht nehmen.«

Jim Boston, Sexualtherapeut

Mythos 3: Guter Sex ist immer spontan

Kommen Sie mit mir in ein Schlafzimmer. Es ist halb zwölf Uhr abends und das Ehepaar wird in Kürze den Streit seines Lebens beginnen. Doch bevor wir das Drama miterleben, möchte ich mit Ihnen ein wenig in der Zeit zurückgehen:

Es ist drei Uhr nachmittags. Carla ist auf dem Heimweg von der Arbeit. Es war der schlimmste Tag, den sie je erlebt hat, doch später wird sie ihn als einen Hafen des Friedens betrachten. Auf dem Heimweg holt sie den zweieinhalbjährigen Mark von der Tagesmutter ab; danach fährt sie noch schnell zum Kindergarten, um den sechsjährigen Simon einzusammeln. Mit Höchstgeschwindigkeit geht es nun weiter zur Grundschule, wo Tom, ihr Achtjähriger, sich wieder einmal von seiner Mutter verlassen glaubt.

Gerade als sie alle drei Kinder im Wagen verstaut hat und zum Einkaufen fahren will, muss sich Mark übergeben. Jeder zufällige Beobachter hätte meinen können, dass der Junge, wenn er es nur gewollt hätte, sich auch woanders hätte übergeben können. Die Tatsache, dass er sich ausgerechnet Toms neue Schultasche aussucht, entzündet einen Streit auf dem Rücksitz, der es in sich hat. Carla versucht, den Streit zu schlichten, und fährt dabei beinahe Toms Mathematiklehrer auf seinem Fahrrad an.

Nach der Hälfte der Strecke fällt ihr siedendheiß Simons Zahnarzttermin ein. In vollem Schwung macht sie eine Hundertachtziggrad-Wende und rast zum anderen Ende der Stadt. Sie ist noch nicht ganz beim Zahnarzt angekommen, als ihr Toms Klavierstunde einfällt. Nun stellt sich die Frage, was ihr lieber ist: Ein Kind mit guten Zähnen oder eines, das die Mondscheinsonate spielen kann. Sie entscheidet sich dafür, den Klavierlehrer zu verärgern – wieder einmal.

Beladen mit Lebensmitteln, Kindern und einer besudelten Schultasche, taumelt sie schließlich durch die Haustür. Umgeben von einem Hund, einem ausgebüchsten Hamster und einem Kind, das sich darüber beklagt, dass der Zahnarzt den falschen Zahn gezogen hat, setzt sie Teewasser auf. Leise flüstert sie vor sich hin: »Falls ich jemals das Haus verlasse, dann bestimmt um Viertel nach fünf.«

Der Rest des Abends verläuft mit Geschichtenerzählen, Kochen und noch mehr Erbrechen. Als diese Frau um elf Uhr abends ins Bett sinkt, ist sie vollkommen erschöpft. Und dann schlägt ihr Mann um halb zwölf Sex vor. Sie weigert sich und als er ihr beleidigt den Rücken zudreht, fühlt sie sich schuldig. Sie fragt sich: »Bin ich unnormal?«

Die Antwort lautet: »Nein – sondern vollkommen normal.«

Mir ist durchaus klar, dass es genauso gut auch umgekehrt sein könnte, obwohl ich sagen muss, dass die meisten Männer selbst dann noch Sex haben können, wenn sie im Sterben liegen. Doch in jedem Fall sind Zeiten, in denen wir müde und erschöpft sind, nicht dazu angetan, ein gutes Sexleben zu entwickeln.

Aus diesem Grund haben viele Ehepaare festgestellt, dass »geplanter Sex« gar keine so schlechte Idee ist. Ein Mann drückte es folgendermaßen aus:

> *»Unser Leben ist so hektisch, dass wir, wenn wir nicht im Voraus planen, für Sex zu müde sind. Ich will nicht sagen, dass das für alle der richtige Weg ist, aber für uns sind dies ganz besondere Abende. Selbst wenn wir nicht immer Sex haben, so schaffen wir sowohl zeitlich als auch emotional die Möglichkeit dafür. Natürlich kann es auch einmal spontan passieren, aber wir fangen an zu erkennen, wie wichtig es ist, unsere sexuelle Beziehung ernst zu nehmen.«*

Mythos 4: Die Beziehung ist nicht wichtig

Es gibt viele Ehen, in denen die Frau häufiger Sex möchte als der Mann; trotzdem hören wir sehr oft von den Männern: »Meine Frau ist an Sex nicht interessiert.« In der Beratung fragen wir Ehepaare gewöhnlich: »Wenn Sie in Ihrer Beziehung etwas ändern könnten, was wäre das?« Der Mann antwortet dann meist: »Den Sex – ich wünschte, meine Frau würde häufiger mit mir schlafen.« Die Frau dagegen überlegt eine Weile und sagt dann: »Zärtlichkeit – ich wünschte, mein Mann wäre zärtlicher.« Wir fragen: »Wie könnte das aussehen?« Sie antwortet darauf: »Es würde mir gut tun, wenn er mich manchmal nichtsexuell, sondern einfach nur zärtlich berühren würde. Ich wünschte, er würde mich abends einfach mal im Arm halten, wenn wir zusammen im Bett liegen. Ich wünschte, er würde beim gemeinsamen Einkauf meine Hand nehmen, anstatt mir immer zehn Schritte voraus zu sein. Ich möchte, dass er mir zuhört, wenn ich ihm meine Gedanken mitteile. Ich möchte wissen, dass ich ihm wichtig bin.«

Was diese Frau über die Berührung gesagt hat, ist sehr wichtig. Vor einigen Jahren lernten Dianne und ich eine Frau kennen, die im Alter von fünfundsiebzig Jahren einen Tanzkurs belegt hatte. Dianne sagte zu ihr: »Das macht Ihnen sicher Freude.« Die alte Dame erwiderte: »Oh ja, meine Liebe. Aber der eigentliche Grund ist die Nähe zu anderen Menschen. Sonst berührt mich während der ganzen Woche niemand.«

Mythos 5: Unser Sexleben ist für immer vorbei

Ich weiß, dass das nicht stimmt. Immer wieder begegne ich Ehepaaren, die mit ihrem Partner eine sexuelle Beziehung wiederentdecken, die sie schon lange verloren glaubten. Nach fast fünfzehn Ehejahren beschloss Kevin, in Bezug auf das eheliche Sexleben etwas anderes zu unternehmen, als sich nur zu beklagen. Er ging allein mit seiner Frau aus, nicht immer nur gemeinsam mit Freunden; er hörte auf, sich über ihre zusätzlichen Pfunde zu beschweren, und machte ihr wieder Komplimente. Er berührte sie häufiger und vor allem tat er dies alles ohne einen Hintergedanken. Ihr Sexleben veränderte sich, als seine Frau merkte, dass sie ihm noch wichtig war.

Wir können Antworten finden. Ein sechzigjähriger Mann kam nach einem unserer Seminare zu mir. Er erzählte mir, er und seine Frau hätten ein Sexleben gefunden, das besser sei als zuvor. Manchen kann durch professionelle Beratung geholfen werden, vielen durch das Lesen eines Buches, aber zahllosen anderen, indem sie realistischer werden und an die Aussage des Sexualtherapeuten denken, der gesagt hatte: »Wenn ein Mann sich eine wilde Freitagnacht wünscht, fängt er besser an, bereits am Montagmorgen daran zu arbeiten.«

Das sollte nicht überraschen, denn immerhin geht es hier um die Liebe.

Aktionsseite

- ❑ Halten Sie sich häufiger an den Händen.
- ❑ Üben Sie sich darin, Ihre Partnerin auf nichtsexuelle Art zu berühren.
- ❑ Zeigen Sie Ihren Kindern, dass Sie Ihren Partner respektieren.
- ❑ Versuchen Sie, auch ein wenig spontan zu sein.

»Die Liebe ist langmütig, die Liebe ist gütig. Sie ereifert sich nicht, sie prahlt nicht, sie bläht sich nicht auf. Sie handelt nicht ungehörig, sucht nicht ihren Vorteil, läßt sich nicht zum Zorn reizen, trägt das Böse nicht nach. Sie freut sich nicht über das Unrecht, sondern freut sich an der Wahrheit. Sie erträgt alles, glaubt alles, hofft alles, hält allem stand.
Die Liebe hört niemals auf.«

1 Korinther 13,4-8a

Ziel 8

Umgang mit Schulden

Helen erinnert sich noch immer sehr genau: Es war Heiligabend und im Supermarkt herrschte schrecklicher Andrang. Im vergangenen Jahr hatte sie sich geschworen, nie wieder auf den letzten Drücker einzukaufen, doch nun kämpfte sie sich wieder durch die Menschenmassen und versuchte, dem Mann vor ihr nicht zum zweiten Mal mit dem Einkaufswagen in die Ferse zu fahren. Und während der ganzen Zeit klammerte sich ihre dreijährige Tochter an ihren Mantel und erklärte, nein, sie könne nicht warten, bis sie nach Hause kämen.

Wenn ihr jemand gesagt hätte, die Menschen stünden Schlange, um einen Abend mit Richard Gere oder Cindy Crawford zu verbringen, das hätte sie ja noch verstehen können. Aber es war schwer zu glauben, dass sich Männer und Frauen in den riesigen Warteschlangen anstellten, nur um eine Tafel Schokolade und sechs Jogurtbecher zu bezahlen. Doch schließlich schaffte sie es bis zur Kasse und das Leuchtzeichen »nächster Kunde bitte« tauchte wie ein rettender Engel aus dem Sumpf der Lebensmittel auf, die der Mann vor ihr auf das Band gelegt hatte.

Sie hatte gerade alles wieder eingepackt, als es passierte. Die junge Frau an der Kasse sagte: »Es tut mir Leid, Ihre Kreditkarte wurde nicht angenommen.« Die Leute in der Schlange hinter ihr zeigten eine Mischung aus Verärgerung und ungesundem Interesse. Helen kramte in ihrer Tasche nach einer anderen Karte, aber auch bei dieser war das Limit bereits überschritten. Sie schnappte sich ihre Tochter, ließ die Tüten mit den Lebensmitteln stehen und rannte aus dem Geschäft. Am Tag nach Neujahr reichte sie die Scheidung ein.

Sie denken vielleicht, dass Helen übereilt gehandelt hat, aber der Zwischenfall am Heiligabend war nicht der erste dieser Art. Brian war ein guter Ehemann und Vater, aber er konnte nicht mit Geld umgehen. Sie hatten Dutzende von Briefen von der Bank bekommen, mussten einen Wagen zurückgeben und jedesmal, wenn ihre Karte angenommen wurde, stieß sie einen Seufzer der Erleichterung aus.

Es war schwer zu sagen, wann alles angefangen hatte. Als sie heirateten, verfügten sie nur über wenig Geld, kamen aber recht gut damit aus. Sicher, einige Einrichtungsgegenstände hatten sie aus zweiter Hand gekauft und sich auch keine teuren Urlaube gegönnt, aber sie waren immer mit ihrem Geld ausgekommen und konnten sogar ein wenig sparen. Ich nehme an, das änderte sich an dem Tag, an dem der folgende Brief ankam.

»Lieber Mr. Kent, liebe Mrs. Kent,
haben Sie sich schon einmal gefragt, wie es wäre, zehntausend Pfund zur Verfügung zu haben und sich alles leisten zu können, was Sie möchten? Vielleicht einen wohlverdienten Urlaub, einen neuen Wagen oder die Küche, von der Sie immer geträumt haben?
Nun, Sie haben das Geld! Sie sind ganz speziell ausgewählt worden und Sie brauchen nur die gebührenfreie Telefonnummer anzurufen. Innerhalb von nur drei Tagen kann Ihr Scheck schon bei Ihnen sein.
Können Sie bereits die Sonne dieses exotischen Urlaubs spüren?«

Es schien alles so einfach und die Rückzahlungsvereinbarungen waren moderat, so dass sie überzeugt waren, es sich leisten zu können. Sie entschieden sich für eine Laufzeit von zehn Jahren. Die APR lag bei 17,5 Prozent. Sie erinnerten sich noch, wie sie gelacht hatten, weil keiner von ihnen wusste, was APR bedeutete. Es war wirklich eine Menge Geld. Zuerst gönnten sie sich einen Urlaub; beide brauchten ihn dringend. Und dann … nun, jetzt wurde es schwierig. Es klingt zwar seltsam, aber beide wissen einfach nicht, wohin der Rest verschwunden ist. Das Darlehen nahmen sie am 1. Juni auf. Als sie am 1. August aus Mallorca zurückkamen, hatten sie noch genau neun Jahre und zehn Monate für die Rückzahlung. Die Gesamtkosten: 20 326,26 Pfund!

Sie hatten nun auch Kreditkarten. In der Anzeige hieß es, dass sie, falls sie ihr Konto am Ende eines jeden Monats ausgleichen würden, sechs Wochen freien Kredit hätten! Da sie noch den Zehn-Jahres-Kredit am Hals hatten, konnten sie diesen kostenfreien Kredit brauchen. Doch sie schafften es nie. Sie bezahlten immer nur das Minimum. Schon bald zahlten sie Zinsen auf die Zinsen. Aber das machte nichts, weil irgendjemand ihnen immer wieder eine neue Kreditkarte anbot. Und die Karten waren ja so bequem. Sie benutzten sie überall. Sie gingen sogar auf Kredit ins Kino.

Am Ende des Jahres hatten sie vier Kreditkarten und insgesamt 16 000 Pfund Schulden. Es wurde immer schlimmer.

Die Rettung hätte im folgenden Februar kommen können. Brian wurde befördert und bekam eine Gehaltserhöhung von 2 500 Pfund pro Jahr. Diese zusätzlichen fünfzig Pfund pro Woche hätten ihnen helfen können. Aber das Geld reichte vorne und hinten nicht. Nach wie vor hatten sie jeden Monat das Konto überzogen und im Mai weigerte sich die Bank, die fällige Rate für die Hypothek zu zahlen. Helen kam zu der Über zeugung, dass sie nie mit ihrem Geld auskommen würden, egal, wie viel Geld Brian auch mehr verdiente. Sie hatte Recht.

Brian und Helen befanden sich nun in einer Situation, wie sie Millionen von Menschen jeder Einkommensgruppe erleben: Sie waren in die »Zehn-Prozent-Falle« getreten. Egal, was wir verdienen, wir geben etwa zehn Prozent mehr aus.

Eine der beängstigendsten Tatsachen in Bezug auf Schulden ist, dass sie uns isolieren. Sie vermitteln uns das Gefühl, kein anderer auf der Welt könnte in einen solchen Schlamassel geraten. Vielleicht befinden Sie sich gerade in einer solchen Situation. Wenn das so ist, sollten Sie wissen, dass Sie nicht alleine stehen. Viele andere haben in dieser Situation gesteckt und sich daraus befreien können. Die Durchschnittsverschuldung Großbritanniens beträgt 5 000 Pfund pro Familie, die Hypotheken nicht mitgerechnet.[5] Schulden üben einen enormen Druck auf die Familien aus. Tatsächlich sind bei mehr als 70 % der Ehescheidungen finanzielle Schwierigkeiten die Ursache für die Zerrüttung der Beziehung.[6] Zweitens ist es wichtig zu erkennen, dass Sie sich aus der Schuldenfalle befreien können. Ich gestehe, es wird nicht so leicht sein, wie hineinzutreten, aber es ist nicht unmöglich. Natürlich hängt das davon ab, wie hoch Ihre Schulden und wie diszipliniert Sie sind, aber die folgenden zehn Prinzipien können Ihnen dabei helfen, Ihre Situation zu verändern.

Sprechen Sie miteinander darüber

Die schlimmsten Schulden in einer Ehe sind die »privaten Schulden«, die Schulden, von denen der Partner nichts weiß. Ihr Mann weiß vielleicht, dass Sie manchmal Kleidung aus dem Versandhauskatalog bestellen, aber er hat keine Ahnung, wie tief Ihr Konto bereits im Soll steht. Ihre Frau weiß, dass Sie eine zusätzliche Kreditkarte »für Notfälle« haben, allerdings ist ihr nicht klar, dass Sie vor sechs Monaten angefangen haben, sie zu benutzen, und dass das Limit bereits ausgeschöpft ist. Denken Sie daran: Sie sind nicht der Einzige, der dieses Problem hat. Sie sind nicht der Einzige, der versucht, die Post vor Ihrem Partner in die Hände zu bekommen, um das, was er nicht wissen soll, herauszusortieren – aber es ist eine ermüdende Angelegenheit und irgendwann kommt es ja doch einmal ans Licht. Wenn Ihr Partner Ihnen seine Schulden beichtet, dann sollten Sie daran denken, wie schwer ihm das gefallen ist. Obwohl Sie sich verletzt fühlen und sich Sorgen machen, sollten Sie versuchen, dies als ersten Schritt zu sehen, Ihre Finanzen wieder unter Kontrolle zu bekommen.

Der Schuldenberg wird immer höher, wenn wir nicht genau wissen, wie viele Schulden wir haben. Wir geben immer mehr Geld aus und können gar nicht genau sagen, wo das Geld bleibt. Die nächsten drei Schritte können Ihnen dabei helfen, die Kontrolle über Ihre Finanzen wieder zu übernehmen.

Machen Sie eine Aufstellung all Ihrer Schulden

Schreiben Sie jede Kleinigkeit auf; in dieser Phase ist es besser, sich der Wahrheit zu stellen, auch wenn sie schlimm ist.

Machen Sie eine Aufstellung Ihres Einkommens

Nehmen Sie die Summe nach Abzug von Steuern, Versicherungen und so weiter. Rechnen Sie ausstehende Sonderzahlungen nicht dazu, es sei denn, sie sind fester Bestandteil Ihres

Einkommens. Überprüfen Sie, ob Sie alle Steuervorteile nutzen, die Ihnen zustehen.

Machen Sie eine Aufstellung aller festen Ausgaben

Dies ist der schwierigste Teil und die Versuchung ist groß, hier nur die großen Posten niederzuschreiben. Aber schreiben Sie wirklich alles auf: Zeitungen, Lebensmittel, Briefmarken – ALLES!

Viele Menschen stellen fest, dass ihre Ausgaben immer etwas höher sind als ihr Einkommen. Sie gleichen dies durch Kreditkarten oder Überziehungskredite aus.

Stellen Sie ein Budget auf

Ziel ist es, die Ausgaben so zu verringern, dass sie niedriger sind als Ihr Einkommen. Stellen Sie eine weitere Liste auf, wie Sie Ihr Geld in Zukunft ausgeben wollen. Arbeiten Sie daran, bis die Ausgaben Ihr Einkommen unterschreiten. Hypotheken oder Mietzahlungen sind feststehende Posten, aber sicherlich gibt es Dinge, bei denen Sie etwas einsparen können.

Behalten Sie die Kontrolle

Machen Sie einmal pro Monat Bestandsaufnahme, indem Sie sich intensiv mit Ihren Bankauszügen, Kreditkartenabrechnungen und offenen Rechnungen auseinandersetzen. Ein Haushaltsbuch erweist sich hier als sehr hilfreich.

Rückzahlung

Fangen Sie an, mehr als nur das Minimum auf Ihr Kreditkonto einzuzahlen, sobald Sie es sich leisten können. Ziel ist es, den Betrag, für den Sie Zinsen bezahlen, immer mehr zu senken. Überlegen Sie sorgfältig, ehe Sie zum Geldautomaten gehen. Legen Sie sich für jede Woche einen Betrag zurecht, mit dem Sie auskommen wollen, und versuchen Sie, sich daran zu halten.

Bleiben Sie in Kontakt

Wenn Ihre Gläubiger ungeduldig werden und drohen, Sie vor Gericht zu bringen, schreiben Sie ihnen einen Brief und gewähren Sie ihnen Einblick in Ihre Einnahmen und Ausgaben. Die meisten Schuldner ignorieren einfach die Rückzahlungsforderungen der Kreditinstitute. Sie können schreiben, dass Sie in der Vergangenheit zwar falsch gehandelt haben, es in Zukunft aber besser machen wollen. Bieten Sie eine Rückzahlungsrate an – auch wenn es nur wenige Pfund pro Monat sind. Bei der Durchsetzung kann Ihnen eine Schuldnerberatung, die es in vielen Städten gibt, zur Seite stehen.

Entdecken Sie das Bargeld neu

Überlegen Sie, ob Sie nicht eine Zeit lang wieder auf Bargeld zurückgreifen sollten. Mit Kreditkarten geben wir ein Drittel mehr Geld aus; sie scheinen uns zuzuflüstern: »Das ist doch kein richtiges Geld.« Die Anzeige für die erste Kreditkarte lautete: »Jetzt brauchen Sie nicht mehr zu warten, um sich zu kaufen, was Sie wollen.« Lernen Sie wieder zu warten und zahlen Sie so weniger Zinsen. Wenn Sie wirklich Schwierigkeiten haben, mit Ihren Kreditkarten umzugehen, ist es besser, sie entzweizuschneiden und an die Kreditkartengesellschaft zurückzuschicken. Informieren Sie sie von Ihren Problemen; manchmal werden die Zinsen eingefroren, während Sie sich bemühen, Ihre Schulden abzuzahlen.

Stellen Sie einen großen Papierkorb neben Ihren Briefkasten

Wenn Ihnen wieder einmal jemand einen Kredit andrehen will, benutzen Sie sofort den Abfalleimer. Suchen Sie sich die Kreditangebote heraus und werfen Sie sie, ohne den Umschlag zu öffnen, in den Abfalleimer.

Und was passierte nun mit Helen, der Frau, die ihre Weihnachtseinkäufe an der Kasse stehen ließ? Sie hat sich nicht scheiden lassen. Sie überredete Brian, zu einer Schuldnerberatung zu gehen – und er kämpfte für seine Ehe. Sie brauchten zwei Jahre, um ihre Finanzen wieder unter Kontrolle zu bekommen. Jetzt sind sie soweit, dass sie jeden Monat ein wenig sparen können. Erst neulich sagte Brian zu uns: »Das Gefühl, alles unter Kontrolle zu haben, ist einfach großartig.« Es stimmt, es hat sie viel gekostet, aber sie kämpften nicht nur für das Geld – eine Fünfjährige hat noch immer ihren Vater!

Die 60-Sekunden-Seite

»Brian und Helen befanden sich in einer Situation, wie sie Millionen von Menschen jeder Einkommensgruppe erleben; sie waren in die ›Zehn-Prozent-Falle‹ getreten. Wie hoch unser Einkommen auch ist, wir geben zehn Prozent mehr aus.«

»Machen Sie einmal pro Monat Bestandsaufnahme, indem Sie sich intensiv mit Ihren Bankauszügen, Kreditkartenabrechnungen und offenen Rechnungen auseinandersetzen. Ein Haushaltsbuch erweist sich hier als sehr hilfreich.«

»Überlegen Sie, ob Sie nicht eine Zeit lang wieder auf Bargeld zurückgreifen sollten. Mit Kreditkarten geben wir ein Drittel mehr Geld aus; sie scheinen uns zuzuflüstern: ›Das ist doch kein richtiges Geld.‹«

»Eines der größten Probleme bei der Suche nach Hilfe bei Schwierigkeiten in unserer sexuellen Beziehung ist die Annahme, niemand anderer auf der Welt würde das durchmachen, was wir gerade erleben. Doch das ist nicht wahr. In den meisten Ehen gibt es Zeiten, in denen einer der Partner nur wenig Interesse am Sex zeigt.«

»Ehepaare sagen, sie hätten keine Zeit für Sex, doch häufig ist es so, dass sie sich die Zeit dafür nicht nehmen.«

»Sex ist ein wichtiger Teil der Ehe, aber nicht das Maß, an dem Liebe gemessen wird.«

Die 1-Sekunden-Seite

Es ist vielleicht nicht immer richtig,

»um der Kinder willen« zusammenzubleiben …

… aber es ist trotzdem ein guter Grund.

Ziel 9

Überlegen Sie es sich noch einmal – um der Kinder willen

Eine der bewegendsten Fernsehsendungen, die ich je gesehen habe, beschäftigte sich mit den Auswirkungen einer zerrütteten Ehe auf die Kinder.[7] Sie hieß »Um der Kinder willen«. Mehrere geschiedene Paare wurden zu den Auswirkungen der Scheidung auf ihre Kinder befragt. Diese Männer und Frauen hatten sich nach Kräften bemüht, ihren Kindern über das Trauma des Zerbruchs hinwegzuhelfen – aber ein kleiner Junge namens Stuart ließ sich nicht trösten.

Stuart war neun und während der Interviewer und später ein Therapeut ihm Fragen stellten, füllten sich seine Augen mit Tränen und er begann, hemmungslos zu weinen. Immer wieder sprach er von seinem Wunsch, dass seine Eltern wieder zusammenfänden. Er hielt zu beiden, war entschlossen, weder den einen noch den anderen zu bevorzugen. Sein Vater hatte die Familie sechs Jahre zuvor verlassen, doch offensichtlich liebte er seinen Sohn. Als Stuart zu weinen anfing, konnte auch der Vater seine Tränen nicht zurückhalten. Er hatte eine neue Beziehung begonnen, die Mutter ebenfalls. Sie gingen respektvoll miteinander um und es war offensichtlich, dass sie sich nach Kräften bemüht hatten, ihre Trennung für ihre Kinder so schmerzlos wie möglich zu gestalten. In diesem Interview wurde jedoch deutlich, wie schockiert sie über die gravierenden Auswirkungen ihrer Scheidung auf Stuart waren.

In den vergangenen Jahren war es ein wichtiger Teil meiner Arbeit, alleinerziehenden Eltern Hilfestellung zu geben. Ihre Aufgabe ist wahrscheinlich eine der schwierigsten der Welt.

Zu meiner Arbeit gehört die Organisation von Urlauben für Alleinerziehende mit ihren Kindern, Therapien und die Beantwortung der vielen Briefe, die mir Menschen schreiben, die sich in einer solchen Situation befinden. Immer wieder werden in diesen Briefen dieselben Themen angesprochen: finanzielle Notlagen, Einsamkeit und die schwierige Aufgabe, ein Kind ganz allein großzuziehen. Doch schlimmer noch als alles andere ist die Sorge, wie die Kinder den Verlust eines Elternteils (meistens des Vaters) verkraften werden.

Stellen Sie sich dem Problem

Ich denke, dass viele Menschen immer wieder versuchen, die Auswirkungen einer Scheidung auf die Kinder herunterzuspielen. Die Gründe dafür mögen Freundlichkeit sein oder das Gefühl, dass eine Scheidung schon schwierig genug ist, auch ohne dass die Eltern sich noch mit Schuldgefühlen gegenüber den Kindern auseinanderzusetzen haben. Es kann aber auch sein, dass wir dieses Thema aus Unwissenheit meiden. In den vergangenen dreißig Jahren hieß es leider immer wieder: »Scheidung um der Kinder willen«. Es wurde behauptet, den Kindern ginge es besser, wenn sie nicht andauernd die Streitereien der Eltern ertragen müssten, und sie seien glücklicher, wenn die Eltern sich trennen würden. Nachfolgende Studien zwingen uns dazu, die verheerenden Auswirkungen zu erkennen, die eine Scheidung auf die Kinder haben kann. Bei einigen sogar bis ins Erwachsenenalter hinein.

Wir sind es gewohnt, die Medien für alle möglichen Dinge verantwortlich zu machen, aber ich bin der Meinung, dass die Medien in den vergangenen Jahren einen sehr wichtigen Beitrag dazu geleistet haben, über die tatsächlichen verheerenden

Auswirkungen einer Trennung der Eltern auf die Kinder aufzuklären. In einer Zeitung war Folgendes zu lesen:

»Was passiert mit Ihren Kindern, wenn Sie oder Ihr Partner sterben? Vermutlich haben Sie eine Lebensversicherung abgeschlossen ... Aber haben Sie auch einmal darüber nachgedacht, was passiert, wenn Sie sich trennen oder scheiden lassen? Vermutlich haben Sie diese Möglichkeit nicht so gründlich durchdacht wie die eines Todesfalles ... Das ist schade, weil Kinder durch eine Scheidung sehr viel mehr Schaden erleiden als durch den Tod ihrer Eltern.«[8]

Dieser Auszug wurde einem Artikel über die Studien von Dr. Martin Richards entnommen, dem Leiter des *Centre for Family Research* an der Universität von Cambridge. Er erklärt, warum das Auseinanderbrechen einer Familie für Kinder so niederschmetternd ist:

»Geschwächtes Selbstwertgefühl mag vielen Problemen zu Grunde liegen. Der Tod eines Elternteils hat keine solchen Auswirkungen. Der kritische Punkt hierbei ist das Wissen der Kinder, dass die Eltern sich bewusst *für die Trennung entschieden haben, und für viele ist das gleichbedeutend mit der bewussten Entscheidung,* sie *zu verlassen.«*[9]

Er fährt fort und beschreibt mögliche körperliche und emotionale Symptome. Mit seinen Warnungen steht er nicht allein da. Folgendes haben andere Experten zu diesem Thema gesagt:

»Es ist erwiesen, dass Kinder, deren Eltern sich scheiden lassen, zur Zeit der Trennung in der Regel eine Krise durchmachen, von der sie sich unterschiedlich gut und schnell

erholen. Für einige hat ein solches Trauma Langzeitfolgen … Die Prozentzahlen derer, die zum Beispiel sehr früh die Schule verlassen, ihre Ausbildung nicht abschließen, ihr Elternhaus im Streit verlassen, früh heiraten und Kinder bekommen und labil sind, ist sehr viel höher als bei Kindern aus intakten Familien.«[10]

»Kinder, deren Familie durch eine Trennung oder Scheidung ›neu geordnet‹ worden ist, haben häufiger gesundheitliche Probleme als Kinder aus intakten Familien (vor allem psychosomatische Störungen); sie brauchen Nachhilfe in der Schule, haben Beziehungsschwierigkeiten und leiden unter einem schwach ausgeprägten Selbstwertgefühl.«[11]

»Studien in Großbritannien und den USA haben ergeben, dass die Auswirkungen einer Scheidung auf Kinder bis ins Erwachsenenalter hineinreichen und selbst noch in deren späteren Beziehungen wirksam sind.«[12]

Täglich erlebe ich zu viel Schmerz, um glauben zu können, dass dies Themen sind, die man auf die leichte Schulter nehmen kann. Wenn die Beziehung zum Partner in einer Krise steckt, wenn wir nichts anderes wollen, als alles hinter uns zu lassen und ein neues Leben zu beginnen, ist es schwer, vernünftig nachzudenken, was das Beste für die Kinder ist. Wie gern sagen wir uns: »Wenn ich glücklich bin, werden auch sie glücklich sein.« Aber in manchen Fällen stimmt dies nicht. Und hinterher ist es schwierig zu verstehen, warum die Auswirkungen auf sie so gravierend sind, da es doch nun keine Streitereien mehr gibt und Mama nicht die ganze Zeit weint oder Papa mit in die Hände gestütztem Kopf dasitzt. Aber die Kinder sind trotzdem am Boden zerstört.

Das ist eigentlich auch verständlich: Obwohl die Partner vielleicht den Eindruck haben, dass ihre Liebe gestorben ist, lieben die Kinder noch immer *beide* Elternteile. Und sie wollen sie beide. Die große Mehrheit der Eltern versucht nach Kräften, die Auswirkungen einer Scheidung auf die Kinder so gering wie möglich zu halten, doch wenn man einen geliebten Menschen verliert, von dem man gedacht hat, er würde um einen sein, bis man erwachsen ist, hat das unweigerlich ein schreckliches Trauma zur Folge.

Noch ein Gesichtspunkt

Kann ich noch ein kurzes Wort an den Vater richten, der sich mit dem Gedanken trägt, seine Familie zu verlassen? Sie glauben vielleicht, Ihre Ehe sei zerstört, und eventuell treffen Sie sich auch schon seit einiger Zeit mit einer anderen Frau. Bald werden Sie es Ihrer Frau sagen und dadurch wird ein Prozess in Gang gesetzt werden, der dazu führt, dass Sie Ihr Heim und Ihre Kinder verlassen. Wenn wir miteinander sprechen würden, würden Sie mir von dem Schmerz der vergangenen Jahre erzählen, wie schwer es gewesen ist und dass Sie das Gefühl haben, alles in Ihrer Macht Stehende getan zu haben. Vielleicht haben Sie das ja, aber tun Sie noch etwas: Gehen Sie heute Abend, wenn Ihre Kinder schlafen, in ihr Zimmer und betrachten Sie sie eine Weile. Lassen Sie Ihre Gedanken zurückwandern zu den Jahren, die Sie mit ihnen gemeinsam verbracht haben, und versuchen Sie dann, sich vorzustellen, wie sehr sie Sie in der Zukunft brauchen werden.

Denken Sie doch noch einmal über alles nach, bevor Sie sich zu einem endgültigen Entschluss durchringen.

Aktionsseite

- ❑ Nehmen Sie Ihr Abendessen gelegentlich bei Kerzenschein ein.
- ❑ Suchen Sie sich eine Freizeitbeschäftigung, die Ihnen beiden Freude macht.
- ❑ Fragen Sie sich, bevor Sie einen Streit beginnen: »Lohnt es sich, darüber zu streiten?«
- ❑ Halten Sie Ihre Versprechen.

Ziel 10

Die Illusionen zerstören

Ich sitze hinten in der Kirche und beobachte das junge Paar. Der Bräutigam ist der Sohn eines engen Freundes. Er sieht gut aus, sie ist unglaublich hübsch. Ich lasse meinen Blick durch die Kirche schweifen und sehe Hüte in den unterschiedlichsten Formen, Männer, die am Kragen ihres zu engen Hemdes zerren, und einen kleinen Jungen, der versucht, das Blumenmädchen vor sich an den Haaren zu ziehen. Der Duft frisch geschnittener Blumen erfüllt den Raum und das Sonnenlicht, das durch die bemalten Fenster fällt, taucht das Kirchenschiff in ein malerisches Licht. In jeder Hinsicht ist es ein perfekter Tag und nicht einmal der Gedanke an den Empfang und die ganzen Glückwunschkarten, die noch vorgelesen werden, kann meine Hochstimmung dämpfen.

Und doch habe ich bei meiner Arbeit immer wieder mit zerbrochenen Beziehungen zu tun; die Liebe, die wie die am heutigen Tag begann, von Hoffnung und Optimismus erfüllt, ist erloschen. Während ich dasitze und die Menschen beobachte, frage ich mich, was ich antworten würde, wenn jemand mir sagte: »Du hast genau zehn Minuten Zeit, um diesem jungen Paar einen guten Rat für ihr gemeinsames Leben zu geben.«

Ich glaube, ich würde sie bitten, sich etwas vorzustellen, das ihnen an diesem Tag unmöglich erscheint: dass sie eines Tages vielleicht das Gefühl haben, ihre Liebe sei gestorben und es sei an der Zeit auseinanderzugehen. Ich würde ihnen von den drei großen Illusionen erzählen, die sie überwinden müssen, wenn ihre Liebe diese schwierige Zeit überstehen soll.

Illusion 1: Bei uns wird sich nie etwas ändern

Manchmal sagen Menschen zu mir: »Aber einige Ehen sind doch ganz bestimmt vorbei.« Vielleicht ist das so, aber ich würde mich da nicht festlegen wollen. Im Laufe der Jahre habe ich immer wieder erlebt, dass Ehepaare, deren Ehe kaputt zu sein schien, angefangen haben, für ihre Familie zu kämpfen. Und einige haben dabei eine Liebe gefunden, die sie für immer verloren geglaubt hatten.

Einige von ihnen haben jahrelang versucht, ihren Partner zu verändern. Doch dann haben sie eines Tages beschlossen, an sich selbst zu arbeiten. Sie haben vielleicht oft und schnell kritisiert, begannen dann jedoch zu loben; sie waren emotional verschlossen und begannen, sich zu öffnen; sie wollten immer alles kontrollieren und begannen, Schwäche zu zeigen und wie sehr sie ihren Partner brauchten. Und dann machten sie eine erstaunliche Entdeckung: Ihre Veränderung hatte auch Auswirkungen auf das Verhalten des Partners.

> *»Sie erinnern sich vielleicht nicht mehr an mich. Mein Mann und ich haben mit Ihnen über unsere Eheprobleme gesprochen. Es ist nur fair, wenn wir Ihnen nun mitteilen, wie sich die Dinge seither entwickelt haben. Die Veränderung, die eingetreten ist, ist menschlich gesehen unmöglich. Das ist nicht nur ein Gefühl – sogar die Kinder haben es bemerkt. Sie wussten, dass Peter sie liebt, aber sie wussten nicht, wie sie mit ihm umgehen sollten. Aber ihre Liebe für ihren Vater ist seither gewachsen und zeigt sich auch nach außen. Ich führe nun die Ehe, von der ich zwanzig Jahre lang geträumt habe! Ich wollte Ihnen das schon früher erzählen, aber irgendwie erscheint es mir nun realer, weil sie sich seither bewährt hat.«*

Illusion 2: Mit einem anderen Menschen wäre alles anders

Diese Illusion ist nicht so leicht zu zerstören, weil es in gewisser Weise natürlich stimmt. Das Leben würde tatsächlich ganz anders aussehen. Aber wäre es besser? Oft sagen wir: »Es wäre mit Sicherheit besser als das hier.« Vielleicht.

Eine Affäre ist ein gutes Beispiel für diese Illusion. Nur wenige Menschen nehmen sich bewusst vor, ihren Partner zu betrügen. Aber es passiert, wenn wir das Gefühl haben, der Mensch, mit dem wir zusammenleben, sei nicht so, wie wir ihn uns wünschen, und wenn wir dann jemanden kennen lernen, der unsere Träume zu erfüllen verspricht. Der eigene Mann ist unaufmerksam, aber »er« hört zu; die eigene Frau ist langweilig geworden, »sie« dagegen sprüht vor Leben. Zum ersten Mal seit Jahren fühlen wir uns wieder richtig lebendig. Das ist der Mensch, den wir hätten heiraten sollen …

> *»Es war Dezember und zur Mittagszeit gab es den üblichen Weihnachtsumtrunk in einem Lokal. Als David das Lokal betrat, ging es schon recht laut zu und es dauerte eine Weile, bis seine Augen sich an das Dämmerlicht im Raum gewöhnt hatten. Doch dann entdeckte er eine Frau aus der Marketing-Abteilung an einem Tisch am Fenster. Sie war gerade erst in die Firma eingetreten und er kannte nicht einmal ihren Namen. Aber es dauerte nicht lange, bis sie ins Gespräch kamen.*
>
> *Als er ins Büro zurückging, dachte er, wie viel besser er sich mit ihr unterhalten konnte als mit Sarah.*
>
> *Danach trafen sie sich häufig. Wenn man ihm gesagt hätte, dass sie sich so nahe kommen würden, hätte er es nicht geglaubt. Sie hatten nichts geplant, es war ›einfach passiert‹.*

Sie durchlebte eine schwierige Phase in ihrer Ehe und sagte, er sei so verständnisvoll.
Im März begannen sie, miteinander zu schlafen.
Er liebte Sarah, zumindest glaubte er das, aber Carol vermittelte ihm das Gefühl, viel jünger zu sein als zweiundvierzig. Er stellte fest, dass er immer an sie dachte, sich ihre Begegnungen vorstellte, dass er den Nervenkitzel liebte, ihre Affäre vor den Kollegen im Büro geheimzuhalten.
Im Juni verließ sie ihren Mann und suchte sich eine eigene Wohnung. Sie versicherte ihm, er trage keine Schuld an dem Scheitern ihrer Ehe, es wäre sowieso passiert. Und pötzlich musste er sich entscheiden. Er fühlte sich wie ein Kind. Die Wahrheit war, dass er beides wollte. Er wollte Sarah und die Kinder und er wollte sie. Am 1. September traf er seine Entscheidung. Es war für alle Beteiligten besser so.«

Und nun steht er im Flur seiner Wohnung, die Koffer in der Hand. Seine Tochter steht neben seiner Frau und ungläubig sehen sie ihn an. Er sagt: »Ich wollte euch nicht weh tun.« Wir fragen uns, was vor ihm liegt. Ich weiß es natürlich nicht genau, aber ich kann Ihnen sagen, was wahrscheinlich ist.

Bei anderen ist immer alles besser …

Er und die neue Frau in seinem Leben werden sich ein Liebesnest bauen. In diesem Hafen werden keine schreienden Kinder stören; es wird keine endlosen Forderungen geben, bei der Hausarbeit zu helfen oder die Kinder zum Klavierunterricht zu fahren. Der Sex wird unglaublich gut und die Gespräche sehr anregend sein. Und wenn er aufwacht, sieht er sie neben sich liegen und wird sich fragen, ob er Sarah je geliebt hat.

Und dies wird vielleicht zwei Jahre andauern. Und dann wird ohne Vorwarnung ein Prinzip in Kraft treten, das ihn bis ins Mark erschüttern wird. Dr. James Dobson hat es folgendermaßen ausgedrückt: »Das Gras des anderen Mannes ist vielleicht grüner, aber es muss trotzdem gemäht werden.«

Und dann wird auch in ihrem Leben der Alltag Einzug halten. Wer hätte gedacht, dass auch in seinem neuen Leben der Wasserhahn tropfen würde wie in dem Bad zu Hause? Und wer hätte vorhersehen können, dass einer von ihnen am Abend sagen würde: »Nein, nicht heute. Und hast du den Müll nach draußen gebracht?«

Und wer hätte ihm sagen können, dass er anfangen würde zu träumen, er würde wieder dieses Lokal betreten, dieses Mal aber auf einen anderen Tisch zugehen? Und in diesen Träumen wird er seinen Kindern eine Geschichte erzählen und ein aufgeschlagenes Knie verbinden.

Aber als er jetzt mit seinen nagelneuen Koffern im Flur steht auf dem Weg zu einer nagelneuen Beziehung, weiß er davon noch nichts.

Ich habe seine Geschichte schon unzählige Male gehört. Ich erinnere mich noch, dass ich mit einem Mann gesprochen habe, der seine Frau verlassen hatte. Er sagte: »Der Sex mit meiner Frau war nicht sehr gut, aber der Sex mit dieser Frau ist fantastisch.« Ich erwiderte: »Es hat noch nie eine Affäre gegeben, in der der Sex nicht fantastisch gewesen wäre.« Und dann fuhr ich fort: »Aber Sie haben ein sechs Monate altes Kind. Es hat Sie nicht gebeten, es auf die Welt zu bringen. Sie sprechen von Ihren Rechten, aber was ist mit seinen? Es hat das Recht auf Geschichten, die Sie ihm abends erzählen, und Führung von Ihnen und Ihren Schutz. Sie sind sein Vater!«

Aber wenn man der Illusion zum Opfer fällt, mit einem anderen Partner würde alles besser sein, ist es schwer, an so etwas zu denken. Vielleicht hatte George Bernard Shaw Recht, als er schrieb: »Zwei Tragödien gibt es im Leben: Die eine ist, nicht zu bekommen, was das Herz wünscht, die andere ist, es zu bekommen.«

Illusion 3: Wirkliche Liebe ist nur ein Gefühl

Es ist unmöglich, eine Beziehung allein auf Gefühlen aufzubauen. Jede Ehe erlebt Phasen, in denen mindestens einer der Partner an seiner Liebe zum anderen zweifelt. In einer solchen Phase schreit alles in ihm: »Mach Schluss, es ist vorbei!« Wenn wir jedoch gleich beim ersten Mal wirklich loslassen, werden wir niemals eine Liebe finden, die ein Leben lang hält.

Wir leben in einer Gesellschaft, die uns einredet, wir hätten nur das Beste verdient – einen Menschen, der attraktiv und geistreich ist und alle unsere Bedürfnisse erfüllt? Nein: Wenn wir wirkliche Liebe finden wollen, müssen wir lernen, gegen alle widrigen Umstände zu lieben.

In seinem Buch *Mortal Lessons: Notes in the Art of Surgery* gibt Richard Seltzer, ein Chirurg, den folgenden Bericht wieder:

> *»Ich stehe an einem Bett, in dem eine junge Frau liegt, deren Gesicht gerade operiert wurde. Ihr Mund ist durch eine Lähmung entstellt. Ein winziger Gesichtsnerv, der die Muskeln ihres Mundes kontrolliert, ist verletzt worden. So wird sie von jetzt an aussehen. Der Chirurg hat sein Bestes getan, das kann ich versichern. Trotzdem musste ich diesen kleinen Nerv durchtrennen, um den Tumor in ihrer Wange zu entfernen. Ihr junger Ehemann befindet sich im Zimmer. Er steht auf der anderen Seite des Bettes. Sie scheinen ganz*

ineinander versunken zu sein, so als wäre ich gar nicht da. ›Wer sind die beiden?‹, frage ich mich. ›Er und dieser verzerrte Mund, an dem ich die Schuld trage? Sie sehen sich so liebevoll an.‹ Die junge Frau beginnt zu sprechen. ›Wird mein Mund immer so bleiben?‹, fragt sie. ›Ja‹, erwidere ich. ›Der Nerv wurde durchtrennt.‹ Sie nickt und schweigt, aber der junge Mann lächelt. ›Es gefällt mir‹, sagt er. ›Es ist süß.‹ Und auf einmal weiß ich, wer er ist, und ich senke den Blick. Bei einer Begegnung mit einem Gott ist man nicht mutig. Und unbeabsichtigt sehe ich, wie er sich zu ihr niederbeugt, um ihren entstellten Mund zu küssen, und ich, der ich so dicht dabeistehe, ich sehe nun, wie er seinen Mund verzieht, so dass er aussieht wie ihrer, um ihr zu zeigen, dass er trotzdem noch küssen kann. Und ich erinnere mich, dass die Götter in der Antike in Menschengestalt kamen, und ich halte den Atem an und gebe dem Staunen Raum.«[13]

Ob sie dem jungen Mann nicht besser gefallen hätte, wenn seine Frau so ausgesehen hätte wie bei ihrer Hochzeit? Sicherlich. Ob er nicht auch heute noch manchmal von ihrem Aussehen vor ihrer Operation träumen wird? Ja. Aber in jeder Ehe wird eine Zeit kommen, in der wir aufgerufen sind zu lieben – nicht *wegen*, sondern *trotz*, eine Zeit, in der wir unsere Lippen verziehen müssen, um zu zeigen, »dass man trotzdem noch küssen kann«. Hierbei geht es nicht um das Gefühl der Liebe, sondern um den Willen zu lieben. Wenn wir nicht durchhalten, kann eine Liebe schwierige Phasen nicht überdauern.

Aktionsseite

- ❑ Unternehmen Sie eine Reise in die Erinnerung: Gönnen Sie sich einen Abend mit alten Fotos.

- ❑ Besuchen Sie einen Ihrer Lieblingsorte aus der Zeit, in der Sie sich kennen lernten.

- ❑ Versuchen Sie, mehr miteinander zu lachen.

- ❑ Wenn Ihr Partner sagt: »Ich liebe dich«, diskutieren Sie nicht darüber, akzeptieren Sie es.

Unsere sechzig Minuten sind nun fast vorüber. Wir haben vieles miteinander betrachtet: Konflikte und Geld, Sex und Geister, um nur ein paar zu nennen. Aber gibt es nicht ein Thema, das alle anderen wie ein roter Faden durchzieht? Kommen wir noch einmal auf diese Hochzeit zurück. Während ich dasitze und höre, wie die beiden ihr Ehegelübde sprechen, wird mir klar, dass in diesen jahrhundertealten Zeilen der Schlüssel zur Ehe liegt, den wir in unserer modernen Gesellschaft verloren haben. Diese Zeilen weisen an diesem vollkommenen Tag auf dunklere Zeiten hin, die unweigerlich kommen werden. Sie sagt: »Ich will dich lieben in guten wie in schlechten Zeiten.« Er erwidert: »In Gesundheit und Krankheit.« Dieses Gelübde flüstert ihnen zu: »Genießt euer Glück, aber wenn eure Liebe halten soll, müsst ihr lernen, euch auch in schlechten Zeiten zu lieben.« Wird die Erfüllung dieses Gelübdes einmal gefordert werden? So sicher die Nacht dem Tag folgt; und in diesem Augenblick wird die Liebe des Paares allein nicht ausreichen. Sie werden ihr Leben zusammen verbringen können, wenn sie nicht nur Liebende sind, sondern Freunde werden. Aber es wird unweigerlich Zeiten geben, in denen sie um ihre Liebe werden kämpfen müssen.

Einige solcher Zeiten werden schnell vorübergehen; andere werden länger andauern und sehr schwierig sein. Und dann sind vielleicht nicht nur zwei Menschen betroffen, sondern auch kleine Kinder werden dieses Drama miterleben.

Kommen wir also zum letzten Mal zurück zum Beginn dieser »60 Minuten für Ihre Ehe« und der Szene, mit der dieses Buch begann. Emily sitzt noch immer mit baumelnden Füßen da und wirft den Spatzen noch immer Erdnüsse hin. Sie steht für all die Kinder, die in den Angelegenheiten ihrer Eltern kein Mitspracherecht haben, die in diesem Sinne zu jung sind, um eine Stimme zu haben. In meinem Buch möchte ich etwas sagen, um dem jungen Paar in seiner neuen Beziehung zu helfen, um die Hände derer zu stärken, die eine gute Ehe führen, und denen Hoffnung zu geben, die eine schwierige Zeit durchmachen. Fast alles, was wir miteinander betrachtet haben, ist relevant, ob wir nun eigene Kinder haben oder nicht, aber ich gestehe, dass ich während des Schreibens sehr oft das Mädchen aus dem Zoo vor Augen hatte. Ich dachte an ihre Rechte, ihre Bedürfnisse und ihre Zukunft und ich wollte mich für sie einsetzen.

Dieses Buch ist für Emily geschrieben worden.

Die 60-Sekunden-Seite

»Die große Mehrheit der Eltern versucht nach Kräften, die Auswirkungen einer Scheidung auf die Kinder so gering wie möglich zu halten, doch wenn man einen geliebten Menschen verliert, von dem man gedacht hat, er würde um einen sein, bis man erwachsen ist, hat das unweigerlich ein schreckliches Trauma zur Folge.«

»Im Laufe der Jahre habe ich immer wieder erlebt, dass Ehepaare, deren Ehe kaputt zu sein schien, angefangen haben, für ihre Familie zu kämpfen. Und einige haben dabei eine Liebe gefunden, die sie für immer verloren geglaubt hatten.«

»Aber in jeder Ehe wird eine Zeit kommen, in der wir aufgerufen sind zu lieben nicht *wegen*, sondern *trotz*. Hierbei geht es nicht um das Gefühl der Liebe, sondern um den Willen zu lieben. Wenn wir nicht durchhalten, kann eine Liebe schwierige Phasen nicht überdauern.«

ANMERKUNGEN

1. NOP-Umfrage zur Vaterschaft, durchgeführt im Januar 1995 für *Care for the Family*. Zu erhalten bei *Care for the Family*, Cardiff.
2. Dr. James Dobson, *Straight Talk to Men and Their Wives*, Word Inc., Dallas, Texas, 1980. Alle Rechte vorbehalten.
3. Marc Cohn, *The Things We've Handed Down*, aus dem Album *The Rainy Season*, 1993. Mit Erlaubnis abgedruckt.
4. Aus: Colin Bowles, *The Beginner's Guide to Fatherhood*, HarperCollins Publishers Ltd., Juni 1992. Dt.: »Windeln, Brei und lange Nächte«. Knaur: München 1996.
5. Keith Tondeur, *Escape from Debt*, Credit Action, 1993.
6. Ebenda.
7. *Panorama*, *BBC Television*, 7. Februar 1994.
8. Ian Robertson, »How Children are Affected by Divorce«, in: *The Times*, 2. Mai 1995.
9. Ebenda.
10. David Utting, *Family and Parenthood: Supporting Families, Preventing Breakdown. A Guide to the Debate*, Joseph Rowntree Foundation, Februar 1995.
11. Dr. John Tripp und Monica Cockett, *Department of Child Health, Postgraduate Medical School*, Exeter University, Findings Bulletin, Nr. 45, Februar 1994.
12. Anthony Clare, Professor für klinische Psychologie, in: *Daily Mail*, 28. April 1994.
13. Richard Seltzer, *Mortal Lessons: Notes in the Art of Surgery*, mit Erlaubnis des Autors, c/o Rogers, Coleridge & White Ltd., 20 Powis Mews, London, W11 1JN, in Zusammenarbeit mit George Borchardt Inc., 136 East 57th Street, New York, NY 10011, USA.

ÜBER DEN AUTOR

Rob Parsons

Rob Parsons ist 48 Jahre alt und seit über 25 Jahren mit Dianne verheiratet. Sie haben zwei Kinder im Teenager-Alter (Katie und Lloyd) und leben in einer Art Großfamilie mit Ron (51 Jahre), der seit 20 Jahren mit ihnen ihr Zuhause teilt. Ron, der keine eigene Familie hat, kam an einem Weihnachtsfest dazu und ist seitdem geblieben.

Rob Parsons ist ausgebildeter Lehrer und wurde 1976 als Rechtsanwalt beim Obersten Gerichtshof zugelassen. 1980 wurde er Mitbegründer von *Lawyers Planning Services*, einer Management-Beratungspraxis, die in England sowie im Ausland ihre Dienste anbietet.

Seit 1988 ist Rob stellvertretender Geschäftsführer bei *Care for the Family*. Während der vergangenen acht Jahre hat er an Ehe- und Familienseminaren zu über 100 000 Menschen auf der ganzen Welt gesprochen. Zu Ehe- und Familienfragen wird er oft zu Rundfunk- und Fernsehsendungen eingeladen.

Er ist Autor des Bestsellers *Loving Against the Odds* (»Lieben gegen alle Widerstände«). Die erste Auflage des »60-Minuten-Vaters« war in Großbritannien innerhalb weniger Wochen vergriffen.

Das Buch für jeden Vater

Viele Männer reiben sich auf im täglichen Zwiespalt zwischen Beruf und Vaterrolle. Die Opfer sind gleichermaßen die Kinder wie auch die Väter selbst.

In Rob Parsons Buch erfahren Sie in nur sechzig Minuten, wie Sie das Leben Ihres Kindes für immer verändern können. Ein Buch voller praxisnaher und wertvoller Ratschläge.

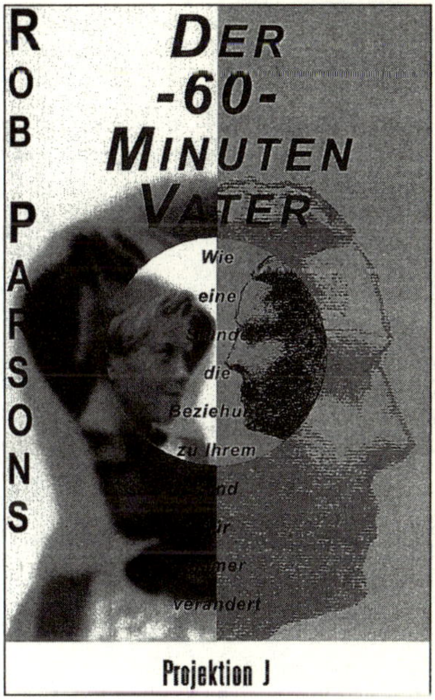

Rob Parsons
Der 60-Minuten-Vater
gebunden, 120 Seiten
Bestell-Nr. 657 141

Der Familienratgeber

von Jeff VanVonderen

Die Beziehungen zwischen Eltern und Kindern sowie den Partnern untereinander können von Gottes Gnade grundlegend neu geprägt werden.

In Verbindung mit einer kritischen Bestandsaufnahme liefert der Familienexperte Jeff VanVonderen praxisnahe Antworten auf viele Fragen des zwischenmenschlichen Zusammenlebens.

Jeff VanVonderen
Familien – von Gott getragen
Paperback, 176 Seiten
Bestell-Nr. 657 106